KB125555

에피소드와 사례로 풀어 본

軍과 언론 이야기

저자 윤원식

에피소드와 사례로 풀어 본

軍과 언론 이야기

초판 1쇄 발행 2022년 6월 29일

지 은 이 윤원식
발 행 인 권선복
편 집 오동희
디 자 인 박현민
전 자 책 서보미
발 행 처 도서출판 행복에너지
출판등록 제315-2013-000001호
주 소 (07679) 서울특별시 강서구 화곡로 232
전 화 0505-613-6133
팩 스 0303-0799-1560
홈페이지 www.happybook.or.kr
이 메 일 ksbdata@daum.net

값 20,000원
ISBN 979-11-92486-06-2 (03070)

에피소드와 사례로 풀어 본

軍과 언론 이야기

저자 윤원식

목차

책을 내며

군과 언론에 대해 다룬 책과 전문가들이 무수히 많다. 세계적인 명성과 권위를 지닌 언론학자들, 유수의 각계 전문가들, 언론과 관련된 다양한 분야의 현업에 몸을 담고 있는 사람들에 이르기까지 그들은 그 분야에서 한결같이 뛰어난 사람들이다. 그들의 역작과 전문성을 모두 존중하고 높이 평가한다. 아니 정확히는 내가 평가할 위치에 있지 아니하다는 것이 언론 관련 일을 했던 사람으로서 보다 정확한 표현이 되겠지만, 그럼에도 불구하고 이 책을 쓰게 되었다.

30여 년간 언론 관련 특기로 군 복무를 하면서 직간접적으로 보고 듣고 겪었던 실제 경험사례와 언론에 연재했던 기고문 등을 발췌하였다. 또 일부 내용은 박사학위 논문에서 다루었던 내용 중에서 연관된 주제 몇 가지를 추려 군과 언론에 대한 이론과 실전을 담아보고자 하였다. 특히 북한상선 영해침범, 제2연평해전, 천안함 피격사건, 연평도 포격전, 아덴만 여명작전 당시 국방부 · 합참의 공보 직책에 근무하면서 있었던 주요 군사상황과 사태의 이면에 있는 내용 중에서 언론과 관련된 알려지지 않은 에피소드와 이야기들을 정리하여 군과 언론에 대한 소회(所懷)를 풀어 보고자 하였다.

미흡하나마 이 책이 군 장병 및 일반 독자들에게 군과 언론에 대한 넓고 얇은 상식과 이해를 높이는데 조금이나마 도움이 되었으면 한다. 아울러 이 책을 타산지석(他山之石)으로 삼아 군과 언론이 각각의 위기관리 커뮤니케이션에서 청출어람(靑出於藍)의 발전방안이 나오게 되기를 바라는 마음 또한 책을 쓰는 자극제가 되었다.

이 책에서 언급되는 내용 중 일부 자료나 현황은 가급적 업데이트를 하긴 했지만 현재 상황과 다소 차이가 있거나, 또 어떤 것들은 시간적으로나 논리적으로 약간 엇갈리는 부분이 있을 수도 있다. 그러한 것은 전적으로 내 기억력의 부실함과 지적인 부족함 탓임을 말씀드리며 미리 양해를 구한다. 그럼에도 불구하고 이 책이 누군가에게 어느 한 구절이라도 도움이 되는 부분이 있다면 그것은 오로지 독자의 뛰어난 식견(識見)과 지혜 덕분일 것이다. 그리고 나에게는 책을 쓴 기쁨이자 보람이 될 것이다.

이 책이 나오도록 처음부터 끝까지 자세한 코칭과 조언 및 물심양면(物心兩面)으로 도움을 주신 한국국방외교협회 권태환 회장님, 도서출판 행복에너지 권선복 사장님, 그리고 유진 님께 깊이 감사드린다.

2022년 6월

글쓴이 윤 원 식

part 1.

군과 언론에 대한 오해와 이해

언론의 공개주의와 군의 기밀주의, 선악과인가?

군과 언론은 아담과 이브

언론의 공개주의와 군의 기밀주의는 선악과(善惡果, forbidden fruit)에 비유될 수 있다. 고통과 번민이 없는 태초의 낙원인 에덴동산에서 평화롭게 지내던 아담과 이브가 금지된 열매인 선악과를 따먹는 순간부터 선과 악을 알게 되고 낙원에서 쫓겨나 고통과 번민을 겪게 되었다는 것처럼 말이다. 선악과를 따먹은 아담과 이브에게 처음으로 일어난 변화는 부끄러움을 의식하는 것이었다고 한다. 즉 아담과 이브는 서로에 대한 인식과 자각을 느끼게 되었다는 것이다.

언론의 공개주의와 군의 기밀주의는 선악과

군과 언론을 각각 아담과 이브에, 언론의 공개주의와 군의 기밀주의를 선악과에 비유해보자. 군은 언론이 무엇이든 공개하려는 것을 아는 순간부터 경계하게 되고 멀리하고자 한다. 반면에 언론은 군이 기밀이라는 미명하에 무엇이든 일단 감추고자 하는 속성이 있다는 것을 아는 순간부터 더욱더 심층적으로 갖은 수단과 방법으로 취재하여 보도하고자 한다.

여기에는 군과 언론이 서로의 속성에 대한 인식과 자각을 하게 되었다는 중요한 전제가 깔려 있다. 그렇다면 선악과를 통해 서로의 속성에 대해 알게 되었다는 것은 매우 의미가 있다. 서로의 속성을 전혀 모르고 있을 때보다 어느 정도 알고 있을 때는 양자 간의 대화나 협상 방법, 대처 방법을 나름대로 모색할 수 있기 때문이다. 쉽게 말해 일방적인 자기 주장에서 벗어나 어느 수준의 양보와 타협이 가능하고, 중간지대 형성에 대한 가능성이 있다는 것이다.

국민의 알권리(Right to Know)와 생존권(Right to Live)

이러한 군과 언론의 공개주의와 기밀주의 속성은 근본적으로 국민의 알권리에 대한 인식의 차이에서 비롯된다. 즉 '국민의 알권리(Right to Know)'를 내세워 언론의 자유로 대변되는 취재와 보도의 자유를 둘러싼 정보공개와 정보수집의 자유를 주장하는 언론과, 국가안보와 국가이익을 위한 기밀보호로 압축되는 '국민의 알 필요(Need to Know)'내지는 국민의 생존권(Right to Live)에 더 많은 비중을 두어 정보의 공개를 제한하려는 군의 인식의 차이인 것이다.

이러한 차이는 실제 상황에서는 군은 군사기밀 보호와 작전보안의 유지, 그리고 취재 기자의 안전을 위한다는 명분에서 가급적이면 언론의 취재와 보도를 통제하고 제한하려고 한다. 반면에 언론은 국민의 알권리 구현 차원에서 가능한 한 자유롭고 제한이 없는 취재와 보도를 통해 시청자 · 독자의 궁금증을 해소하기 위한 뉴스 아젠다(agenda)를 선점하고자 한다.

이와 같은 군의 '보안 우선의 기밀주의'와 언론의 '알권리 우선의 공개주의' 속성은 오랫동안 서로에 대한 고정관념(stereotype)으로 자리를 잡고 있다. 이로 인해 언론보도에 있어서 양자 간의 조화와 균형을 이루는 것이 쉽지는 않다. 군과 언론 각각의 속성에 대한 인식과는 별개로 서로에 대한 기존의 고정관념이 워낙 강하게 작용하고 있기 때문이다.

국가안보와 국가이익에 대한 관점

특히 국가안보와 직결되는 군사적 사태나 상황에서는 그러한 성향이 더욱 극명하게 나타나고 있다. 군은 국가안보(國家安保 National Security)와 국가이익(國家利益 National Interest)을 위한 작전이나 군사기밀과 관련된 임무수행의 특성상 정보의 공개

보다는 '보호 또는 보안'을 우선시 하는 반면에, 언론은 헌법에 보장된 언론의 자유를 바탕으로 국민의 알 권리를 대변하고 구현한다는 대의명분으로 정보나 자료의 '공개와 개방'을 더욱 우선시하기 때문이다.

군과 언론이 지니고 있는 이러한 기본 속성에 대한 인식의 수준과 서로에 대한 고정관념의 정도에 따라 국가안보에 미치는 영향이 차이가 크다. 즉 군과 언론 관계의 정도와 국가안보의 안정성과의 상관관계는 주목할 만한 연관성이 있다.

이와 같이 언론의 공개주의와 군의 기밀주의가 아담과 이브의 선악과에 비유하는 것이 무리가 아니라면 군과 언론은 선악과를 통해 알게 된 서로의 속성을 각각 인정하고 수용하여 서로에게 이롭고 상생할 수 있는 방안을 모색함으로써 낙원(paradise)의 에덴동산을 만들어 갈 수 있지 않을까?

불편한 감정일 수도 있고, 상대방과의 공존이 주는 불편함일 수도 있으며, 실제적인 행동의 대립일 수도 있기에 갈등은 인식차원, 감정차원, 행동차원을 모두 포함하는 것이기도 하다.

군과 언론의 갈등,
풀 수 없는 방정식인가?

우리나라는 갈등 1위 국가 ?

최근 "한국이 전 세계 갈등 1위 국가"라는 뉴스 보도가 눈길을 끈 적이 있다. 그 근거는 2021년 6월 영국 킹스컬리지가 여론조사기관인 입소스에 의뢰해 발간한 보고서에서 세계 28개국 시민 2만 3천여 명을 대상으로 12개 갈등 항목에 대해 조사를 했는데, 우리나라는 빈부격차, 지지정당, 정치이념, 성별, 나이, 학력 등 7개 항목에서 '심각하다'고 응답한 비율이 세계 1위를 차지했다는 것이다.

또 영국 bbc가 2018년 실시한 여론조사에서 세계 27개국 시민 2만 명을 상대로 조사한 결과 8개 갈등 항목에서 우리나라가 빈부갈등 4위, 세대갈등 2위, 남녀 갈등 1위로 나타났다. 국내 조사에서도 비슷한 연구결과가 있는데, 2021년 전경련 자료에 따르면 우리나라의 정치, 경제, 사회의 갈등

지수는 OECD 국가 30개국 가운데 최상위권이고, 갈등 관리 능력은 27위로 나타나고 있다.

그럼 왜 우리나라 국민은 이렇게 갈등이 많을까에 대해 어떤 전문가는 교육에서부터 잘못돼 있고. 가장 큰 원인을 '남북한의 분단'에 있다고 분석한 바 있다. 군과 언론의 갈등도 이러한 우리 사회가 안고 있는 여러 가지 갈등 요소의 연장선상에서 비롯되는 면도 무시할 수 없는 부분이다. 그러나 군과 언론 간의 갈등은 자유민주주의 국가의 공통적인 것으로서 그 뿌리 또한 깊다.

군과 언론의 갈등 배경

선악과를 알게 된 군과 언론이 안고 있는 첫 번째 과제는 갈등의 해결이다. 군과 언론의 갈등은 왜 일어나는가?

군은 어떤 군사적 사건이나 중대사태(상황)가 발생하면 대부분의 경우 작전수행의 용이성과 효율성을 위해서, 그리고 작전을 수행하는 장병들의 안전과 국민의 생명보호를 위해서 사태(특히 위기 사태)가 발생한 현장이나 작전 지역에 가급적이면 작전과 관련이 없는 외부인의 접근이나 출입을 통제하고자 한다. 반면에 언론은 발생한 사태나 상황과 관련하여 최대한 신속하고 자세하게 국민에게 알리고자 다양한 수단과 방법을 동원하여 취재하고 보도하고자 한다.

이러한 연유로 군과 언론은 늘 갈등과 마찰 요인이 잠재되어 있다. 군과 언론이 서로 갈등 관계에 있음은 자유민주주의 국가에서 오랫동안 지속되어 온 보편적인 현상이다. 군의 시각에서는 전쟁은 물론 어떤 군사적 상황이나 중대사태 등 인간의 생명과 안전에 위협을 받는 상황에서는 언론의 취재와 보도는 각별히 유의해야 한다는 생각을 가지고 있고, 국가의 존망과 국민의 생명 보호에 대한 중차대한 책임과 사명을 띠고 있다는 독점적인 생각이 근본에 있기 때문이다.

국가안보와 국가이익 추구는 군과 언론 공동의 가치

그러나 군과 언론은 국가안보나 국가이익에 있어서는 접근 방법의 차이가 있을 뿐, 추구하는 가치는 근본적으로 같다. 즉 군과 언론이 중대한 군사상황이나 사태 발생 시에 서로간의 인식과 관점의 차이로 인해 갈등 요인이 내재되어 있다 하더라도, 국가이익과 국가안보에 대한 공동의 가치를 추구하고 있다는 점은 부인할 수 없는 사실이다.

이러한 점에서 볼 때 군과 언론 관계는 그 속성상 갈등관계에 있다고는 하나 추구하는 목적과 가치가 같기 때문에 상호 간의 이해를 위한 노력과 제도적 시스템 여부에 따라 그 관계를 보다 협력적 관계로 발전시켜 나갈 수 있는 여지 또한 많은 것도 사실이다.

뿐만 아니라 언론이 군과 국민간의 상호교류를 증진시키고 국민들에게 현실적인 국방안보나 군사상황에 대해 올바른 시각을 갖게 해줌으로써, 군과 국민을 이어준다는 점에서 군과 언론이 서로를 이해하고 갈등 해결을 위해 노력하는 것은 그 자체로 의미가 크다. 또한 언론이 국민과 군 간의 신뢰와 일체감을 형성해주고 사회통합에 기여한다는 측면에 주목하여 군은 언론의 순기능에 초점을 둔 갈등 해소책을 모색해 나가야 한다. 즉 군이 언론에 대해 대승적이고 전략적 포용의 관점에서 접근 방법을 찾아 나가면 군과 언론 간의 갈등 방정식은 해법을 찾을 수 있을 것이다.

군과 언론의 갈등해소를 위한 접근 방법

갈등이 있다는 것은 서로의 추구하는 가치와 이해관계가 유사한 점이나 공통점이 있기 때문에 발생하는 것이다. 추구하는 가치와 이해관계가 완전히 다르면 갈등이나 틈이 생기지 않는다. 군과 언론이 추구하는 가치가 같다는 것은 국가안보와 국가이익을 위해 존재한다는 점이고, 이해관계가 같다는 것은 국민의 알권리의 보장과 알 필요성의 충족 및 국민의 생존권을 위해 서로가 노력하고 고민한다는 점이라고 할 수 있다.

의미상으로 갈등(葛藤)은 개인이나 집단 사이에 목표나 이해관계가 달라 서로 충돌하거나 마찰이 있는 상태를 말한다. 갈등 자체는 다른 사람들과의 관계에서 일어나는 불편한 감정일 수도 있고, 상대방과의 공존이 주는 불편함일 수도 있으며, 실제적인 행동의 대립일 수도 있기에 인식차원, 감정차원, 행동차원을 모두 포함하는 것이기도 하다.

학자들에 의하면 이러한 갈등은 그 성격에 따라 실제적인 대립 갈등(veridical conflict), 해결가능 갈등(contingent conflict), 숨겨진 갈등(displaced conflict), 잘못 대상을 상정한 갈등(misattributed conflict), 잠재된 갈등(latent conflict), 가짜갈등(false conflict) 등으로 구분된다. 또한 영역에 따라 자원(resources), 가치나 신념(values or beliefs), 선호나 관심(preferences or interests), 관계(relations), 정체성(identity)의 갈등으로 구분하기도 한다.

우리 사회는 각종 위험과 위기가 산재해 있어 이것이 개인 간의 갈등이나 집단 간의 갈등, 또는 공공갈등 등으로 이어지게 된다. 따라서 이러한 갈등을 어떻게 해소할 것인가는 모든 사회문제해결의 출발점이다.

갈등 해소 방법에는 협상, 조정, 중재, 소송 등이 있다. 각각의 방법에서의 차이는 갈등 당사자들 간의 커뮤니케이션 방식의 차이이다. 즉 개인이나 집단 간의 갈등 해소는 결국 상호 간의 협상과 설득을 통한 다양한 방식으로의 커뮤니케이션을 어떻게 잘 하느냐 하는 것이 중요하기 때문이다. 따라서 갈등해소를 위해서는 당사자들 간에 합리적인 커뮤니케이션 방식과 규칙을 정하여 상호 만족할 만한 수준에 도달할 때까지 소통을 해야 한다.

집단 간의 갈등해소를 위한 접근 방법으로 Thomas는 자신의 이익에 대한 관심의 높고 낮음과 타인의 이익에 대한 관심의 높고 낮음에 따라 경쟁(자신의 이익 우선), 협력(상호 이익 지향), 타협(경쟁과 수용 사이의 중간 상황), 회피(갈등해소 노력 방기), 수용(타인의 이익 우선)의 다섯 가지로 유형화하고 있다.

아래 그림에서 경쟁은 자신의 이익을, 수용은 타인의 이익을 우선하는 것이고, 협력은 상호 이익을 지향하는 것이며, 회피는 갈등해소 노력을 방기하는 것이다. 타협은 경쟁과 수용 사이의 중간 상태를 말하는 것이다.

Thomas의 갈등해소와 관련한 다섯 가지 접근방법

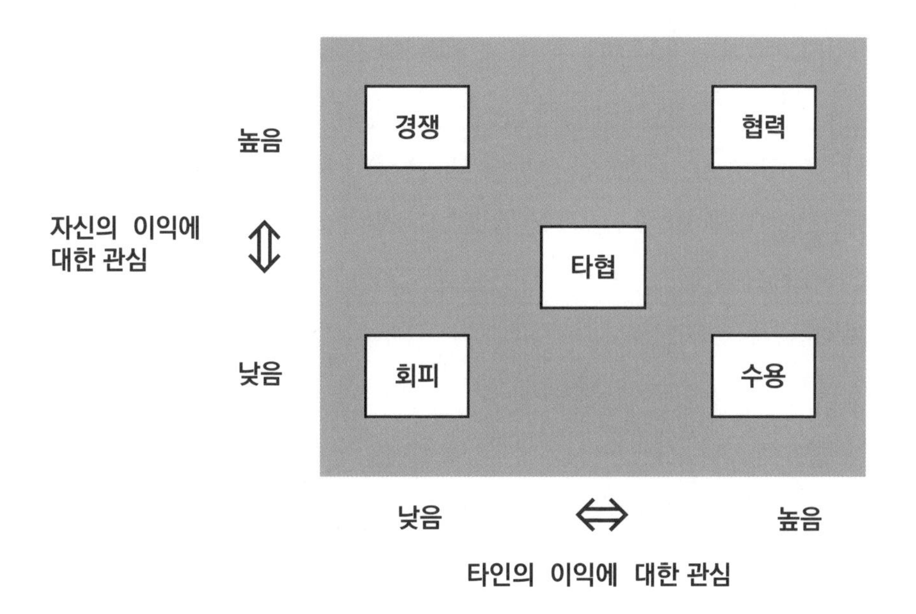

집단 간의 갈등해소 방법으로 동양에서는 타협이, 서양에서는 협력이 문제 해결에 더 수월하다고 한다. 즉 갈등해소를 위한 노력을 커뮤니케이션 관점에서 볼 때 커뮤니케이션 방법과 과정 자체가 곧 갈등해소를 위한 각각의 유형이 되는 것이다. 어떤 유형이든 집단 간의 갈등해소를 위해서는 각자의 목표와 관심사항을 바탕으로 대화를 통해서 서로 간에 용인할 수 있는 객관적인 기준을 마련하고 이러한 기준을 중심으로 서로간의 합의점을 찾아내야 한다.

또한 이러한 커뮤니케이션은 상호간의 이해, 관계형성, 가치창조, 커뮤니티 형성, 공론의 장 형성, 숙의 민주주주의 등 현대의 갈등 해소 이론이 요구하는 가치들을 모두 수용하고 있으므로 단지 대화를 이끌기 위한 기능으로서가 아니라 현대 사회의 문제 해결을 위한 중심 영역으로서 바라봐야 한다는 것이다.

갈등연구 학자들의 논리에 군과 언론의 갈등관계를 대입해보면, 군과 언론간의 갈등은 그 성격 면에서나 영역 면에서 볼 때 어느 유형의 갈등으로 단정하기가 쉽지는 않다. 갈등의 영역에 따른 분류로 보면 군과 언론의 갈등은 국민의 알권리를 위한 공개와 군사보안 우선에 대한 '가치나 신념체계'로 인한 갈등이다.

갈등의 성격으로 분류해 보면 취재와 보도의 수준과 범위를 놓고 군과 언론이 '실제로 대립' 하는 갈등이자, 평소에도 늘 '잠재'되어 있는 갈등이며, 상호간의 협력과 규칙을 통해서 '해결이 가능'한 갈등이다.

결국 군과 언론은 '국가안보'와 '국민의 알권리' 라는 가치에 대한 접근 방법의 차이로 인해 서로 갈등 관계에 놓여 있는데, 이러한 갈등을 해소하기 위해서는 먼저 상호간의 소통 채널을 구축하고, 상황에 맞는 전략커뮤니케이션(strategic communication)을 통해 해결책을 모색해 나가야 한다.

따라서 취재와 보도를 둘러싸고 발생하는 군의 기밀주의와 언론의 공개주의로 인한 갈등관계는 양자가 모두 국민의 알권리라는 명제(命題)에 대한 대의명분(大義名分)과 전제(前提)는 같으므로 이에 대한 세부규칙을 제정하거나 필요한 회의체를 구성하여 상호 협력해 나가는 것이 필요하다.

6
9
Four
No
Three

국민의 알권리와 언론 자유의 제한, 필요조건은?

'알권리'(right to know)의 유래

'알권리'(right to know)라는 개념이 이용된 것은 꽤 오래 전부터이지만, 이것이 언론에 공개되어 오늘날과 같은 현대적인 개념의 용어로 발전된 것은 2차 대전 직후인 1945년 미국 AP통신사의 전무 켄트 쿠퍼(Kent Cooper)의 뉴욕 연설에서이다. 쿠퍼는 '시민들은 언론의 완전하고 정확한 뉴스에 접근할 자격(권리)이 있다. 시민들의 알권리(right to know)가 배제된 정치적 자유란 이 세상 어디에도 존재하지 않는다' 표현의 연설을 하였다.

그 후 켄트 쿠퍼가 알권리에 대해 뉴욕 타임즈(New York Times)에 기고하고, 1956년에는 책을 출간함으로써 알권리라는 용어를 세계적으로 확산시키는 계기가 되었다. 한편 미국의 『뉴욕 헤럴드 트리뷴』의 법률고문인 해럴드 크로스(Harold L. Cross)가 1953년에 『국민의 알권리』(People's Right to Know: Legal Access to Public Records and Proceedings)라는 책을 출간하여 알권리의 내용과 법적 근거에 대한 관심과 확산에 중요한 역할을 하였다. 그 결과 1966년에 국민의 알권리 차원에서 공적인 정보의 공개를 독립된 법률로 명문화한 미국의 정보자유법(Freedom of Information Act)이 제정되는 배경이 되었다.

독일은 알권리에 대해 개정 헌법 제5조 1항에서 "모든 사람은 그 의견을 언어 · 문서 · 도화로써 자유롭게 발표할 권리를 가진다. 일반적으로 접근할 수 있는 정보원으로부터 방해받지 않고 알권리를 가진다."고 명시하고 있다.

국제적으로는 1948년 제3차 유엔총회가 채택한 세계인권선언 제19조에 "사람은 누구나…모든 수단에 의해 또 국경과는 관계없이 정보와 사상을 탐구하고 받으며 전달하는 권리를 가진다."고 규정하였다. 그 후 1967년에 UN이 국제인권규약으로 발표한 이후 알권리는 세계적으로 유행하게 되었다고 한다.

우리나라에서 알권리라는 용어가 처음 신문에 등장한 것은 1964년 4월 21일 경향신문 사설 "국민은 정부가 하는 일을 알아 둘 필요가 있고 또 알 권리를 가지고 있다"에서 이다. 학술적으로는 1969년 장용 교수가 쓴 저서에서 "국민의 알권리가 부정되는 곳에서는 언론의 자유가 존재할 수 없으며 독재자와 국민의 알권리는 상극적인 입장에서 계속 암투를 하게 된다"는 데에서 찾을 수 있다.

또한 1961년 신문편집인협회의 개정된 신문윤리강령에 "신문의 자유는 인류의 가장 기본적인 권리의 하나로서 끝까지 이를 옹호하여 민중의 알아야 할 권리에 부응하여야 한다"고 명시한 것이 근거가 되고 있다.

알권리의 개념과 의미

알권리는 '모든 종류의 정보와 사상을 방해받지 않고 요구하고 또한 그것들을 받을 권리'로 보는 것이 보편적이다. 즉 주권자로서 국민이 필요한 공적정보 외에도 사회 구성원으로서의 문화적 객체로 생활하기 위한 정보와 인격적 주체로서 필요한 정보와 지식에 마음대로 접근하고 취득할 수 있는 자유, 경우에 따라서는 자유롭게 이의 공개와 제공을 요구할 수 있는 권리로 보고 있다.

저널리즘 측면에서 본다면 알권리는 1922년 월터 리프만(Walter Lippmann)이 '여론'(Public Opinion)이라는 책에서 '대중의 알권리와 정부의 비밀주의'의 갈등을 언급하면서, 언론에 맡겨지는 국민의 알권리란 당연한 것이 아니라 '국민에게 주어지는 어떠한 특권'이라는 의미로 설명하고 있다.

한편 알권리는 대외적으로 언론이 취재와 보도의 자유를 내세울 때 정당화의 명분으로 많이 사용되어 왔으나 알권리는 언론의 권리가 아니므로 국민의 입장에서 재해석되어야 한다는 관점도 있다. 또 언론이 국민의 알권리를 내세우면서 실제로는 국민들이 알 필요가 없는 것까지 보도하거나 별로 설득력이 없는 경우에도 남용되는 경우가 많다는 견해도 있다.

미국의 언론인 커트 뤼트게(Kurt Luedtke)는 1982년 미국의 신문발행인협회에서 행한 연설에서 "시민의 알권리 같은 것은 존재하지 않는다. 그것은 언론인들에 의해 과장되어 온 하나의 허구적 개념"이라고 하였다. 오리건 대학의 에버렛 데니스(Everette Dennis)도 "알권리는 언론 기업들의 기업권(corporate rights)으로 전락했다"고 비판하고 있다.

메릴(Merrill)은 알권리를 하나의 신화(myth)로 보고 있는데, 다양한 외적 제약을 받는 언론사가 취재 보도하는 데 있어서의 발판을 구축하는 것이라고 보고, 언론이 헌법적 권리를 누리는 것은 아니며 그렇게 믿는 데는 합리적인 근거가 부족하다고 한다.

이러한 점에 근거하여 언론이 알권리를 주장하는 것은 언론자유에 대한 요구에 대해서 이기적인 동기가 작동되어 운영되는 집단이라는 비난을 피하기 위한 명분이라는 견해도 있다. 그럼에도 불구하고 국민의 알권리는 대부분의 자유민주주의 국가에서는 국민의 기본권으로 인정하고 있고, 심지어 독일은 알권리를 헌법에 명시하고 있다.

이러한 알권리의 범위와 유형은 분야에 따라 다양하게 설명되고 있는데 언론학자 제임스 위긴스(James R. Wiggins) 는 알권리를 다음과 같이 5가지 영역으로 나누고 있다. ①정보를 입수하는 권리 ②사전 억제나 제한 없이 인쇄 또는 방송하는 권리 ③정당한 법적 절차를 밟지 않는 보복의 두려움 없이 인쇄 또는 방송하는 권리 ④커뮤니케이션을 위해 필요한 시설이나 자료에 접근하는 권리 ⑤위헌적으로 법을 악용하는 정부나 법을 무시하고 행동하는 시민에 의하여 방해됨이 없이 정보를 전파하는 권리이다.

국민의 알권리와 언론자유의 한계

언론자유와 취재 및 보도의 자유

현대국가에서 국민의 알권리(People's Right to Know)는 언론자유(freedom of press)와 맥을 같이하고 있다. 한국언론연구원은 '언론의 자유는 성숙한 개인 또는 이러한 개인들의 집단이나 조직 등이 다른 사람들에게 해(害)를 가져다주지 않는 한 자신이 원하는 대로 생각하고 그 자신의 의사를 자유롭게 표현할 수 있는 권리'로 보고 있다. 즉 언론 자유는 언론 '보도의 자유'와 '취재의 자유'로 설명될 수 있는데 결국 이러한 것은 국민의 알권리를 보장하기 위한 것이다.

한편 국민의 알권리에서 알권리의 주체는 국민이고 언론은 이의 대변자이다. 결국 언론이 주장하는 알권리는 개인들이 꼭 알 필요가 있다고 판단하는 공적 정보를 국민을 대신해서 언론이 수집(취재)하고 보도하는 사회적 책임을 의미하는 것이다. 이러한 알권리는 한편으로는 국민의 정보에 대한 접근권 또는 인간의 존엄성에 대한 권리로 간주되기도 한다.

언론자유의 개념은 그 사회의 역사적 · 이념적 전통에 따라 다르게 정의되고 있고, 또 실제 적용면에서도 언론의 자유가 무한정 허용되지는 않고 있는 것이 현실이다. 즉 언론이 자유로워야 한다는 당위성을 인정하면서도 대다수의 국가들은 사회통합과 질서유지라는 국가목표를 구현하기 위해서 언론자유의 폭을 한정하고 있고, 국가별 상황에 따라 언론을 규제하는 정도와 방법도 각각 다르다.

국민의 알권리 또는 언론의 자유가 법으로 보장된다고 하더라도 그것이 절대적이고 무제한적인 권리와 자유를 의미하는 것은 아니라는 점에 유의해야 한다. 자유민주주의 국가에서 비록 언론자유가 소중한 것이라 할지라도 절대적 · 무제한적으로 허용하게 되면 그것이 다른 기본권을 침해하거나 또는 다른 기본권과 충돌하는 문제가 있을 수 있기 때문이다. 이러한 점에서 대체로 자유민주주의 국가는 정도의 차이는 있지만 언론의 자유를 일정 부분 제한하고 있다. 특히 국가안보와 관련해서는 더욱 그러하다.

국가안보와 언론의 자유

우리나라는 헌법 제21조 제1항에 "모든 국민은 언론 · 출판의 자유와 집회 · 결사의 자유를 가진다"고 명시하면서도, 제21조 제4항에서는 "언론 출판은 타인의 명예나 권리 또는 공중도덕이나 사회윤리를 침해해시는 아니 된다"고 규정하고 있다. 또한 헌법 제37조 2항에는 "국민의 모든 자유와 권리는 국가안전보장과 질서유지 또는 공공복리를 위하여 필요한 경우에 한하여 법률로써 제한할 수 있다"고 명시하고 있다.

또 헌법 제76조 2항에는 '국가의 안위에 관계되는 중대한 교전 상태에 있어서 국가를 보위하기 위하여 긴급한 조치가 필요한 때에는 대통령이 긴급 명령을 통해서 언론 자유를 제한' 할 수 있도록 하고 있고, 제77조 3항에서 '비상계엄이 선포되면 언론 · 출판 · 집회 · 결사의 자유도 특별한 조치'를 할 수 있도록 하고 있다. 이러한 헌법 조항은 기본적으로 언론의 자유를 보장하되, 그것이 무제한이어서는 안 된다는 것 또한 분명히 명시하고 있는 예다.

한편 언론인 의식조사에 의하면 실제 언론 환경에서 기자들이 느끼는 언론자유의 제한은 이러한 법과 제도에 의한 속박요인보다는 정부나 정치권력 또는 광고주, 사주나 사장, 편집국 · 보도국 간부들에 의한 요인이 훨씬 더 높게 나타나고 있다는 점에서 언론자유의 제한에 대한 개념상의 인식과 실제 현장에서 피부로 느끼는 것이 많이 다르다는 것을 알 수 있다.

이와 같이 국민의 알 권리를 위한 언론의 자유가 보장된다고 하더라도 그것이 국민의 생명과 안전, 국가안위와 관련된 비상사태나 위기 상황에서는 언론의 취재와 보도는 제한을 받을 수 있다는 것이 대체적인 시각이다. 즉 평상시에는 언론자유의 제한과 국민의 알권리가 상충될 경우 국민의 알권리가 우선되어야 한다는 점에는 이론이 없다. 그러나 국민의 생존권(people's right to live)이 달려있는 특수한 상황에서는 언론의 자유를 과도하게 주장해서는 안 된다는 것이 공통된 인식이다.

결론적으로 국민의 알권리 구현을 위한 언론의 자유에 대한 보장과 제한에 있어서 필요조건은 '국민의 생존권'이라 할 수 있다. 이러한 측면에서 국가안위나 국가안보와 관련된 중대한 상황에서는 국민의 알권리 못지않게 국민의 생존권 또한 중시되어야 마땅하다.

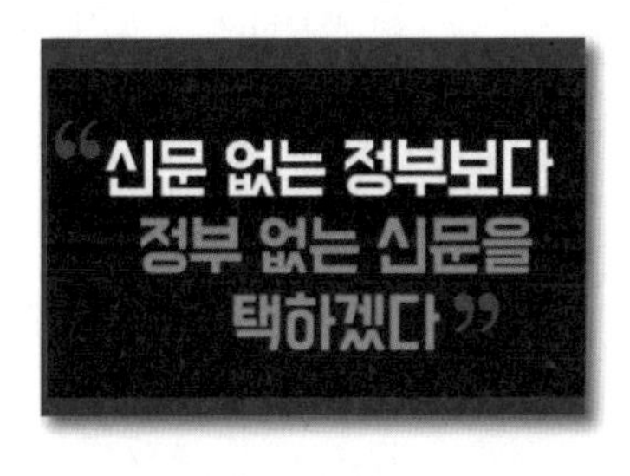

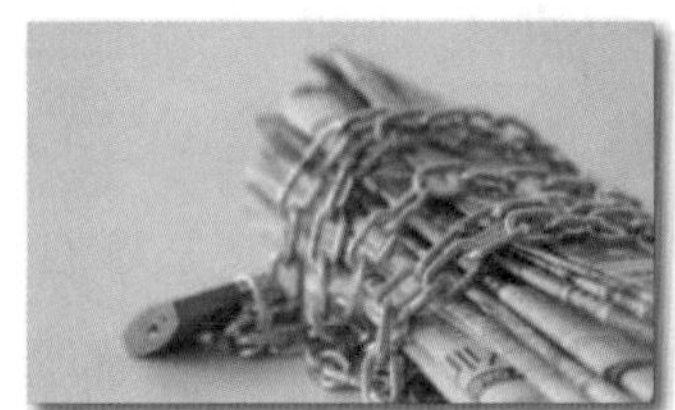

군과 언론 관계,
국가안보와의 상관관계는?

국가안보와 언론보도

'안보(security)'는 안전보장의 줄임말로서 라틴어의 'securus' 또는 'securitas'에서 유래되었다. '근심 또는 걱정이 없는 자유, 안전, 그리고 위험의 부재 상태'를 의미한다. 국가안보는 영토, 주권, 국민 등 국가의 핵심가치들을 외부의 위협으로부터 보호 또는 유지하는 것, 즉 안보의 대상인 국민의 생명과 재산을 보호하고 영토와 주권을 보호하는 의미로 포괄적으로 사용되고 있다.

국가안보에 대해 모겐소(Hans J. Morgenthau)는 영토와 국가제도의 통합성이 유지되는 상태로, 버코비츠와 보크(Berkowiz & Bock)는 외부의 위협으로부터 국가내의 가치들을 보호할 수 있는 능력으로, 부잔(Barry Buzan)은 외부로부터의 위협뿐만 아니라 내부의 취약성과 연관해서 정의하고 있다.

국가안보를 민군관계 측면에서 연구한 헌팅톤(Huntington)은 제2차 세계대전 이후 국가안보의 중요성이 증대되었고 이로 인해 문민통제와 군의 전문직업주의를 요구하게 되었다고 보면서 미국의 군사안보를 위한 필수 조건은 미국의 기본가치가 자유주의로부터 보수주의로 변화해야 하는 것이라며 국가안보는 이념적으로는 보수주의와 맥을 같이 하는 것으로 설명하고 있다.

국가안보의 개념은 국가이익이 다양화되고 포괄적으로 변화함에 따라 냉전기의 군사안보 중심에서 탈냉전기에는 군사안보를 기본으로 인간안보, 경제안보, 사회안보, 환경안보, 자원안보 등으로 그 영역이 확대되는 포괄적 안보로 변화되었다. 그 외에도 정치안보, 에너지안보, 핵안보, 사이버안보 등으로도 점점 확대되는 추세이다.

특히 군사안보는 국내 · 외적인 군사적 위협으로부터 국가의 가치 및 이익을 보호 또는 증진시키는 것으로서, 국가안보를 구성하는 하위요소이면서 합법화된 물리력, 즉 군사력을 통해 국내 · 국외의 어떠한 위협으로부터 개인과 국가의 안보를 지키는 수단이므로 국가안보의 중심축으로 보고 있다. 엄격히 구분하면 '군사안보'는 국가안보의 한 부분으로서 군사적 수단과 방법에 의한 적대국이나 외부세력의 도발이나 침투, 위협 등의 사태에 대처해 나가는 것이라 할 수 있는데, 냉전시대에는 군사안보의 중요성이 압도적이었기에 전통적 안보 이론에서는 국가안보를 군사안보와 동일시하기도 했다.

합동참모본부에서는 국가안보(National Security)에 대해, "국내외의 각종 군사, 비군사적 위협으로부터 국가목표를 달성하기 위하여 정치, 외교, 경제, 사회, 문화, 군사, 과학기술 등의 제 수단을 종합적으로 운용함으로써 당면하고 있는 위협을 효과적으로 배제하고 또한 일어날 수 있는 위협의 발생을 미연에 방지하며 나아가 불의의 사태에 적절히 대처하는 것"으로 정의하고 있다.

국가안보는 전통적 안보 관점에서 안보의 운용 주체인 군과 군의 군사적 운용에 대한 감시자이자 비판의 주체인 언론과의 관계에 따라 많은 영향을 받고 있다. 즉 국가안보 의제(agenda)에 대한 언론의 보도성향과 보도행태가 어떠한 방향으로 설정되느냐에 따라 국가안보에 대한 국민의 인식이 달라지기 때문이다. 이러한 점에서 국가안보와 언론보도와의 관계 설정은 매우 중요하다.

더구나 국가안보와 관련해서 국민의 알권리와 언론의 자유가 일정 부분 제한될 수 있는 법적 근거가 있다고 해서 군의 정보통제 또는 비공개나 언론에 대한 취재 제한이 정도를 벗어나면 발생된 사태나 이슈가 국민들에게는 본질이 왜곡되어 잘못 전달될 소지도 있을 수 있다.

중대한 군사적 사태나 상황에서 군사기밀이나 작전에 대한 군의 보안은 국민의 안전과 작전의 성패와 직결될 수 있으므로 지켜야 하는 명분이 된다. 그렇다 하더라도 언론의 취재 및 보도와 관련해서는 비록 그것이 국가안보와 국가이익이라는 명제일지라도 납득할 수 있는 합리적 수준이어야 한다. 이러한 전제에 대한 공감과 신뢰가 이루어질 때 군과 언론은 상호 협력과 이해를 바탕으로 한 공통분모가 가능해질 수 있다.

군과 언론관계, 국가안보와의 상관관계

군과 언론 관계가 그냥 갈등관계 수준에 머무르는 것이 아니라 국가안보에도 영향을 미치게 된다는 것은 매우 중요한 관점이다. 군과 언론 관계를 그 성숙 단계에 따라 몇 가지 유형으로 분류하고, 이것을 Thomas의 갈등해소 접근방법에 대입하여 풀어 보면 이러한 연관성을 풀어 볼 수 있다.

즉 언론을 통한 국민의 알권리 구현과 군의 정보공개를 하나의 변인으로 하고, 언론 자유의 정도와 군사 기밀의 정도를 또 다른 변인으로 하여 군과 언론 관계를 이해하기 위한 틀을 만들어 표시하면 그림 ①과 같다.

그림 ①에서 가로축은 국민의 '알권리 구현의 정도'(언론)와 '정보 공개의 정도'(군)를 나타나는 것으로서, 이 둘의 관계는 비례한다. 즉 국민의 알권리 구현 정도가 높아질수록 군의 정보공개 정도도 높아지고, 또한 반대로 군의 정보공개 정도가 높아지면 국민의 알권리 구현 정도도 높아지게 된다.

세로축은 '언론자유의 정도'(언론)와 '군 기밀 보호의 정도'를 나타내는 것으로, 이 둘의 관계는 반비례한다. 즉 언론의 자유가 높아질수록 군 기밀 보호의 정도는 낮아지게 되는 것이

(그림 ①) 군과 언론관계 이해를 위한 틀

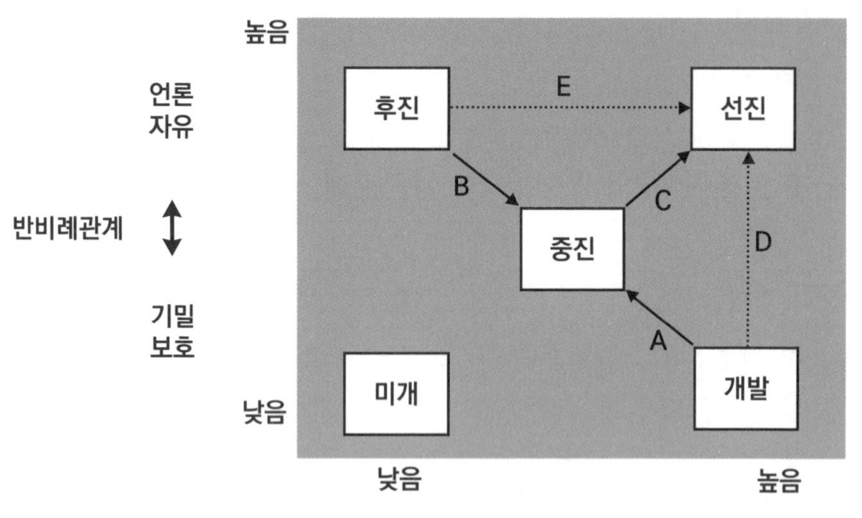

고, 반면에 군 기밀 보호의 정도가 높아질수록 언론의 자유는 낮아지게 되는 것이다.

이와 같은 네 가지의 변인을 척도로 하여 군과 언론관계의 수준을 분류하면 그림 ①에서 보는 바와 같이 '미개, 후진, 중진, 개발, 선진'의 5가지 유형으로 구분할 수 있다. 이 5가지 유형의 군과 언론 관계를 특정 국가나 정치체제의 수준에 대입해도 그다지 어긋나지 않는다.

앞의 그림 ①에서 군과 언론 관계의 '미개' 상태는 국민의 알권리 구현의 정도도 낮고 군의 정보공개 정도도 낮으며, 언론자유의 정도가 낮고 군 기밀 보호의 정도가 높은 사회주의 체제의 군과 언론관계가 여기에 해당한다고 볼 수 있다. 따라서 이러한 상태에서는 Thomas의 갈등해소 접근 방법 모델에서도 보는 바와 같이 갈등해소 노력을 하지도 않고 할 수도 없는 '회피 상태'이며, 또한 군과 언론의 갈등관계에 대한 개념이나 인식이 존재하기가 어려운 상태라고 할 수 있다.

'후진' 상태는 국민의 알권리 구현의 정도도 낮고 군의 정보공개 정도도 낮은 데 비해, 언론자유의 정도는 높고 군 기밀 보호의 정도가 낮은(또는 반대의 상황도 마찬가지, 즉 언론자유는 낮고 군 기밀보호는 높은 경우), 한마디로 군과 언론이 모든 면에서 아직 체계가 제대로 되어있지 않은 상태이다. Thomas의 모델에 의하면 각각이 자신의 이익에 우선하는 '경쟁 상태'인 것이다.

'개발' 상태는 국민의 알권리 구현의 정도도 높고 군의 정보공개 정도도 높은 데 비해, 언론자유의 정도도 높고 군 기밀 보호의 정도도 높은(또는 반대의 상황도 마찬가지, 언론자유도 낮고 군 기밀보호도 낮은 경우지), 한마디로 개념과 의지는 있으나 사회의 전반적인 인식이 낮은 상태의 군과 언론 관계이다. Thomas의 모델에서는 타인의 이익을 우선 고려해주는 '수용 상태'이다.

'중진' 상태는 국민의 알권리 구현의 정도나 군의 정보공개 정도도 비교적 높고, 언론자유의 정도도 상대적으로 높고 군 기밀보호의 정도도 그다지 높지 않은, 한마디로 개념과 체계도 갖춰있고 사회의 인식도 어느 정도 되어있는 상태의 군과 언론 관계이다. Thomas의 모델에서는 갈등해소를 위해 조직 간의 '타협 상태'이다.

'선진' 상태는 국민의 알권리 구현의 정도나 군의 정보공개 정도도 높고, 언론자유의 정도가 높으며 반대로 군 기밀보호의 정도도 낮은, 한마디로 개념과 체계가 잘 갖춰져 있고 사회의 인식도 잘되어 있는 상태의 군과 언론 관계로서, 가장 바람직한 군과 언론 관계의 상태이다. Thomas의 모델에서 갈등해소를 통해 상호이익을 지향하는 '협력 상태'이다. 그럼 바람직한 군과 언론관계인 '선진'상태로 발전해 나가기 위해서는 어떠한 단계를 거쳐야 하는가? '선진'상태로 발전해 가기 위해서는,'개발'상태나'후진'상태에서 바로 '선진'상태로 진행되는 것 보다는'중진'상태의 단계를 거쳐서(A나 B) 발전해 나가는 것(C)이 가장 이상적이다.

왜냐하면 '개발'상태에서 '선진'상태로 바로 가게 되면(D), 알권리 구현이나 군의 정보공개 정도는 높은데, 언론자유의 정도가 낮은 상태에서 갑자기 높은 상태가 되어 언론의 우후죽순식 난립과 중구난방식 보도로 인해 국가안보에 대한 안정성을 해칠 우려가 있기 때문이다.

또한 '후진'상태에서 '선진'상태로 바로 가게 되면(E), 언론자유의 정도는 높고 군 기밀보호의 정도는 낮은데 알권리 구현이나 군의 정보공개 정도가 낮은 상태에서 갑자기 높아지게 되므로, 군의 제도 미비나 역량의 부족으로 인한 혼선과 이해관계의 충돌로 인해 역시 국가안보의 불안정성을 초래할 우려가 있기 때문이다.

이러한 군과 언론 관계의 수준을 앞에서 살펴 본 Thomas의 갈등해소 방법에 대입해 보면, 군과 언론 관계가'미개'한 상태에서는'회피', '후진' 상태에서는'경쟁','개발'상태에서는 '수용', '중진'상태에서는'타협', '선진'상태에서는 '협력'이 문제 해결에 적합한 방법이다.

이것을 반대로 해석해도 마찬가지이다. 즉 군과 언론이 상호 간의 갈등해소를 '회피'하면 '미개' 상태, '경쟁'하면 '후진' 상태, '수용'하면 '개발'상태, '타협'하면 '중진'상태, '협력'하면 '선진'상태의 군과 언론 관계로 가늠해 볼 수 있는 것이다.

그런데 앞의 그림 ①에서 '언론자유의 정도'와 '군 기밀 보호의 정도'는 서로 반비례하기 때문에 그 사이에는 간격(gap)이 발생하게 된다. 이러한 간격의 차이를 바탕으로 또 하나의 그래프를 그려 볼 수 있다. 그림 ②는 이 간격의 크기(세로축)와 국가안보의 안정성(가로축) 관계를 그래프로 표시한 것이다.

(그림 ②) 언론자유 & 군 기밀 보호의 정도와 국가안보의 안정성 관계

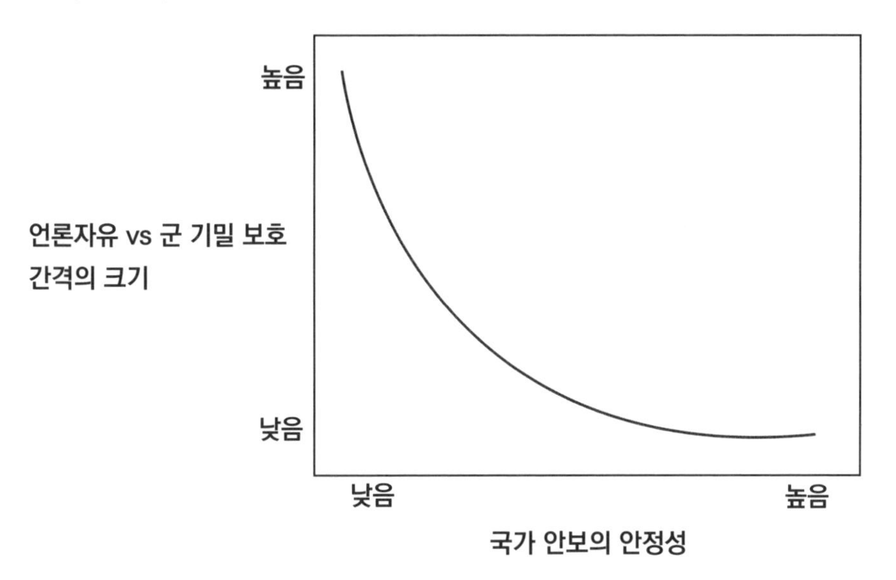

그림 ②에서 보는 바와 같이, '언론자유의 정도와 군 기밀 보호 정도의 간격'의 차이를 통해 군과 언론 관계의 상태가 국가안보에 어떠한 영향을 미치게 되는지를 판단해 볼 수 있다. 이 간격이 작을수록 '국가안보의 안정성'은 높아지고, 반대로 간격이 클수록 '국가안보의 안정성'은 낮아지게 된다. 즉 언론자유의 정도가 높아질수록 군 관련 취재와 보도에 대한 제한이 적어지게 되고, 군 관련 취재와 보도의 제한이 적어질수록 국가안보의 안정성은 낮아지는 것이다.

즉 그림 ①과 ②에서 보는 것처럼 궁극적으로 군과 언론 관계의 수준과 정도가 곧 국가안보의 안정성과도 직접적으로 상관관계가 있음을 알 수 있다. 이것은 역으로 보면 군과 언론 관계의 개선과 증진이 곧 국가안보의 안정성에 기여하게 된다는 분석이 가능하다.

따라서 군과 언론 관계는 언론의 자유와 군의 기밀보호라는 두 개의 바퀴로 굴러 가는 자전거와 같다. 자전거의 앞뒤바퀴가 삐걱거리거나 고장이 없어야 잘 굴러 가는 것처럼 군과 언론 관계도 고장이 나거나 삐걱거리지 않도록 평소에 상호간의 관계 정립을 위한 각종 제도와 규칙을 잘 정비해 놓아야 한다. 그러한 제도와 규칙의 정비는 곧 군과 언론의 갈등 해소를 위한 시작이자 밑바탕이 된다.

part 2.

군과 언론 관계의 표면과 이면

군의 언론 관련 법과 제도, 행정규칙

군의 언론 관련 규정이나 방침을 명시하고 있는 법률로는 '계엄법'(법률 제69호 1949.11.24 제정)과 '통합방위법' (법률 제5264호 1997.1.13 제정), '군사기밀보호법'(법률 제2387호 1972.12.26 제정)이 있다.

법률이 아닌 행정규칙으로는 국방부본부 및 예하 각급부대의 소속 군인 및 공무원들의 언론홍보업무와 관련된 직무에 대한 수행 지침을 규정해 놓은 '국방홍보훈령' (국방부훈령 제1552호, 2013.7.16. 제정)이 있다. 그리고 육해공군은 각 군별 규정을 통해 언론홍보 업무 수행에 필요한 기준과 절차를 명시하고 있다. 예를 들면 육군은 [육군 규정 801] '공보정훈업무 규정' 제4장과 5장에서 육군에 맞는 세부사항을 정하고 있다.

군의 언론 관련 규정이나 방침을 명시하고 있는 법률로는 '계엄법'(법률 제69호 1949.11.24 제정)과 '통합방위법' (법률 제5264호 1997.1.13 제정), '군사기밀보호법'(법률 제2387호 1972.12.26 제정)이 있다.

법률이 아닌 행정규칙으로는 국방부본부 및 예하 각급부대의 소속 군인 및 공무원들의 언론홍보업무와 관련된 직무에 대한 수행 지침을 규정해 놓은 '국방홍보훈령' (국방부훈령 제1552호, 2013.7.16. 제정)이 있다. 그리고 육해공군은 각 군별 규정을 통해 언론홍보 업무 수행에 필요한 기준과 절차를 명시하고 있다. 예를 들면 육군은 [육군 규정 801] '공보정훈업무 규정' 제4장과 5장에서 육군에 맞는 세부사항을 정하고 있다.

계엄법

계엄법은 국가가 전시(戰時)나 국가비상사태를 관리하기 위해 1949년 11월 24일 제정한 법률이다. 계엄법은 모두 14개 조항으로 되어 있다. 최초의 계엄령은 1948년 10월 21일 여수 순천 사건 때 발령되었다. 계엄령(戒嚴令)은 쿠데타, 내전, 반란, 전쟁, 폭동, 국가적 재난 등 초비상 사태로 인해 국가의 일상적인 치안 유지와 사법권 유지가 불가하다고 판단될 경우 대통령과 같은 국가 원수 또는 행정부 수반이 입법부의 동의 아래 군대를 동원하여 치안 및 사법권을 유지하는 조치이다.

이 법 제2조는 계엄을 비상계엄과 경비계엄으로 구분하고 있다. 비상계엄은 전시, 사변 또는 이에 준하는 국가 비상사태 시 적과 교전(交戰) 상태에 있거나 사회질서가 극도로 교란되어 행정 및 사법 기능의 수행이 현저히 곤란한 경우에 군사상 필요에 따르거나 공공의 안녕질서를 유지하기 위해 선포하고, 경비계엄은 전시, 사변 또는 이에 준하는 국가

비상사태 시 사회질서가 교란되어 일반 행정기관만으로는 치안을 확보할 수 없는 경우에 공공의 안녕질서를 유지하기 위해 선포한다.

계엄법 제9조 제1항에 비상계엄 시에는 대통령이 임명한 계엄사령관의 특별조치권으로 "언론 · 출판 · 집회 · 결사 또는 단체행동에 대하여 특별한 조치를 할 수 있다"고 규정하고 있다. 즉 군사상 필요에 따라 언론 · 출판의 자유를 제한할 수 있도록 하고 있다.

한편 계엄법의 시행에 필요한 세부사항을 규정하기 위한 계엄법 시행령이 있는데 모두 15개 조항으로 되어 있다.

지금까지 계엄령은 경비계엄 4회, 비상계엄 12회 등 모두 16회 선포되었다. 비상계엄은 1980년 5월 18일에 마지막 선포 이후로 지금까지 40여 년간 선포된 사례가 없다. 따라서 앞으로도 이 계엄법에 의해 군이 국민의 알권리와 직결되는 언론의 자유를 제한하는 사례는 나오기 어려울 것으로 보인다.

통합방위법

통합방위법은 평상시 적의 침투 · 도발이나 그 위협에 대응하기 위하여 국가 총력전의 개념을 바탕으로 국가방위요소를 통합 · 운용하기 위한 통합방위대책을 수립시행하기 위하여 제정된 법률이다.

이 통합방위법은 1996년 9월 15일 강릉 잠수함 침투사건이 발생하여 대침투작전을 수행하는 과정에서 각종 국가방위요소를 통합하고 지휘체계를 일원화하여 작전을 원활하게 성공적으로 수행하기 위하여 마련되었다. 특히 언론의 취재 및 보도와 관련하여 많은 문제점이 노출되었다. 군이 작전 수행 중인 지역에서 카메라로 마치 스포츠 경기 중계하듯이 생방송을 하는 등 언론의 무분별한 취재와 군의 체계적이지 못한 통제 및 언론 대책 등에 대한 문제점이 제기됨에 따라 1997년 1월에 제정되었다.

언론의 취재 및 보도와 관련해서는 '통합방위법' 제10조에 합동보도본부를 설치 운영하여 언론의 취재활동을 지원하도록 명시하고 있다. 또 작전 지역에서 언론 취재 기자 등 민간인의 무단출입으로 인해 작전 방해 요인이 됨에 따라 이를 방지하기 위해 제16조에서 통제구역 설정을, 제24조에는 제16조의 출입금지나 제한 또는 퇴거명령을 위반한 사람에 대하여 벌칙 조항을 명시하여 강제성을 가하고 있다.

통합방위법을 시행하기 위해 구체적인 사항을 규정한 '통합방위법 시행령'은 제19조 취재활동의 지원, 제20조 합동보도본부의 설치기준, 제27조 통제구역의 설정기준 조항에서 언론의 취재 및 보도와 관련하여 명시하고 있다.

이 통합방위법은 그동안 여러 군사안보 위기 상황에서 종종 통합방위사태가 선포되어 시행을 통보한 바 있어 군과 언론 관계에서 가장 연관성이 많은 법률이다. 그럼에도 불구하고 군과 언론이 이 법을 잘 준수하고 적용하고 있느냐 하는 것은 별개의 문제이다. 예를 들어 '연평도 포격전'에서도 연평도(행정구역상 인천시 옹진군 연평면)지역에 통합방위 '을종 사태'(통합방위사태는 적의 침투 규모와 지역에 따라 갑종, 을종, 병종 사태로 구분한다)가 선포되고, 이어 며칠 후에는 언론과 주민들의 출입을 제한할 수 있는 '통제구역'이 선포되었음에도 불구하고 제대로 준수되지 않았고, 이로 인해 군의 작전에도 많은 애로사항과 문제점이 있었다.

통합방위법

제10조 (합동보도본부)

① 작전지휘관은 대통령령으로 정하는 바에 따라 언론기관의 취재활동을 지원하여야 한다.

② 작전지휘관은 통합방위 진행상황 및 대국민 협조사항 등을 알리기 위해 필요하면 합동보도본부를 설치·운영할 수 있다.

③ 통합방위작전을 수행할 때에 병력 또는 장비의 이동·배치·성능이나 작전 계획에 관련된 사항은 공개하지 아니한다. 다만, 통합방위작전의 수행에 지장을 주지 아니하는 범위에서 국민이나 지역 주민에게 알릴 필요가 있는 사항은 그러하지 아니한다.

제16조 (통제구역 등)

① 시·도지사 또는 시장·군수·구청장은 다음 각 호의 어느 하나에 해당하면 대통령령으로 정하는 바에 따라 인명·신체에 대한 위해를 방지하기 위하여 필요한 통제구역을 설정하고, 통합방위작전 또는 경계태세 발령에 따른 군 · 경 합동작전에 관련되지 아니한 사람에 대하여는 출입을 금지·제한하거나 그 통제구역으로부터 퇴거할 것을 명할 수 있다.

1. 통합방위사태가 선포된 경우
2. 적의 침투 · 도발 징후가 확실하여 경계태세 1급이 발령된 경우

② 제1항에 따른 통제구역의 설정 기준·절차 및 공고 방법 등에 관하여 필요한 사항은 대통령령으로 정한다.

제24조 (벌칙)

① 제16조 제1항의 출입 금지·제한 또는 퇴거명령을 위반한 사람은 1년 이하의 징역 또는 1천만 원 이하의 벌금에 처한다.

② 제17조 제1항의 대피명령을 위반한 사람은 300만 원 이하의 벌금에 처한다.

통합방위법 시행령

제19조(취재 활동의 지원)

① 법 제10조제1항에 따라 취재 활동을 지원하기 위하여 작전지휘관(통합방위본부장, 지역군사령관, 함대사령관 또는 시·도경찰청장을 말한다. 이하 같다)은 1일 한 차례 이상 통합방위작전의 진행 상황을 법 제10조제2항에 따른 합동보도본부를 통하여 취재기자단에 제공하여야 한다.

② 통합방위작전의 진행 상황에 대한 취재를 원하는 언론기관은 작전지휘관에게 취재기자의 명단을 통보하여야 하며, 작전지휘관은 특별한 사정이 없으면 통보된 취재기자에게 작전지휘관이 정한 식별표지를 제공하여야 한다.

③ 작전지휘관은 제2항에 따른 식별표지를 착용한 취재기자에 대하여 작전지휘관이 정한 취재허용지역의 범위에서 자유로운 취재 활동을 보장하여야 한다. 다만, 작전지휘관은 취재 활동이 통합방위작전에 지장을 준다고 인정되는 경우에

는 취재 활동을 제한할 수 있다.

④ 작전지휘관이 정한 취재허용지역 범위 밖의 지역에서 현장 취재를 원하는 취재기자는 작전지휘관의 승인을 받은 후 작전지휘관이 제공하는 안내요원의 안내에 따라 취재하여야 한다. 이 경우 작전지휘관은 선정된 1명 또는 여러 명의 대표자에 대해서만 현장취재를 승인할 수 있다.

⑤ 통합방위작전의 상황 및 그 경과에 따라 작전지휘관은 통합방위작전의 효율적인 수행을 위하여 필요한 경우에는 적의 구체적인 침투·도발 행위의 내용과 아군(我軍)의 통합방위작전 상황 등의 내용을 필요한 기간 동안 공개하지 아니할 수 있다.

제20조(합동보도본부의 설치기준)

① 통합방위본부장은 통합방위사태 선포 시 법 제10조제2항에 따라 통합방위본부에 중앙 합동보도본부를 설치한다.

② 지역군사령관, 함대사령관 또는 시·도경찰청장은 통합방위사태 선포 구역의 작전지휘관으로 지정된 경우에는 법 제10조제2항에 따라 지역 합동보도본부를 설치한다.

③ 제2항에 따른 지역 합동보도본부는 각 통합방위 지원본부 또는 통합방위작전 지휘소 인접지역에 설치하되, 필요할 때에는 취재 활동이 쉬운 지역에 현지 합동보도본부를 설치할 수 있다.

제27조(통제구역의 설정기준 등)

① 법 제16조제1항에 따른 통제구역은 주민의 피해를 최소화하고 통합방위작전의 효율성을 보장할 수 있는 구역으로 설정하되, 그 설정기준은 다음 각 호와 같다.

1. 교전(交戰) 등으로 인명·신체에 위해(危害)를 줄 수 있는 구역
2. 교전 상황이 예측되어 작전요원이 아닌 사람의 출입통제가 요구되는 구역
3. 그 밖에 작전요원이 아닌 사람의 출입으로 통합방위작전에 지장을 줄 우려가 있는 구역

② 특별시장·광역시장·특별자치시장·도지사·특별자치도지사·시장·군수 또는 자치구의 구청장(이하 "시·도지사등"이라 한다)은 통제구역을 설정하려면 작전지휘관의 제청을 받아 미리 지역협의회의 심의를 거쳐야 한다.

③ 시·도지사등은 통제구역을 설정하였을 때에는 통제구역의 설정기간, 설정구역, 설정사유와 통제구역에서의 금지·제한·퇴거명령의 내용 및 이를 위반한 사람에 대한 벌칙의 내용 등을 구체적으로 밝혀 관할구역 안의 해당 지방자치단체의 장에게 서

면으로 통보하고, 통제구역이 있는 시·군·자치구·읍·면·동의 게시판에 그 사실을 공고하며, 각 신문·방송에 보도되도록 하여야 한다.

군사기밀보호법

'군사기밀보호법'은 군사기밀을 보호하여 국가안전보장에 기여함을 목적으로 1972.12.26. 제정된 법률이다. 이 법은 모두 22개 조항으로 되어 있는데 군사기밀의 구분, 지정, 공개, 해제, 처벌 등에 대해 규정하고 있다. 또 군사기밀보호법의 시행에 필요한 사항을 규정하기 위해 대통령령인 '군사기밀보호법 시행령(대통령령 제6796호, 1973.8.8.제정)이 있다. 이 시행령은 모두 10개 조항으로 되어 있다.

군사기밀보호법 제7조는 '군사기밀은 국민에게 알릴 필요가 있을 때와, 공개함으로써 국가안전보장에 현저한 이익이 있다고 판단될 때' 공개할 수 있도록 하고 있다. 제11조에는 군사기밀을 적법한 절차에 의하지 아니한 방법으로 탐지하거나 수집한 사람은 10년 이하의 징역에 처하도록 하고 있다.

제12조에는 군사기밀을 탐지하거나 수집한 사람이 이를 타인에게 누설한 경우에는 1년 이상의 유기징역에 처함은 물론, 우연히 군사기밀을 알게 되거나 점유한 사람이 군사기밀임을 알면서도 이를 타인에게 누설한 경우에는 5년 이하의 징역 또는 5천만 원 이하의 벌금에 처하도록 하고 있다. 언론과 관련해서는 이 부분에 특히 유의해야 한다. 즉 취재 과정에서 우연히 군사기밀임을 알게 되었음에도 불구하고 특종이나 단독보도에 대한 욕심으로 보도하게 될 경우에 처벌을 받게 되는 것이다.

언론의 취재 및 보도와 관련하여 그동안 종종 문제가 되고 있는 것이 이 부분이다. 즉 언론이 일단 보도한 이후에 문제가 되었을 때는 '군사기밀인지 몰랐다' 고 할 경우에 법 집행이 애매하게 되거나, 또는 군사기밀이라고 인지하였음에도 불구하고 기사에 대한 욕심이나 언론사 간의 경쟁으로 인해 보도할 경우에 군과 언론과의 여러 가지 복합적인 이해관계가 얽혀있어 강제성 있는 법 집행이 쉽지 않기 때문이다.

국방홍보훈령

국방홍보훈령은 모두 11장 53조로 구성되어 있는데, 직접적으로 언론 취재 및 보도와 관련된 조항은 제4장 언론홍보 및 언론보도 대응과 제5장 사건 · 사고 보도활동 시 유의 및 제한사항이다. 즉 제15조 보도절차, 제16조 취재지원, 제18조 보도 제한 및 유의사항, 제23조 통합방위사태 시 언론대응기구, 제25조 보도 원칙에 구체적으로 명시되어 있다. [별표 2]에는 국방부, 합참, 각 군별 언론보도의 주체를, [별표 5]에는 각종 사건사고의 규모와 유형에 따른 기관별, 부대별 언론공개 주체를 명시하고 있다.

이와 같이 계엄법, 통합방위법, 군사기밀보호법, 국방홍보훈령 등 외형적으로는 국민의 알권리 보장과 군의 기밀보호의 두 마리 토끼를 잡기 위한 법과 제도가 잘 갖추어져 있다. 그러나 이것이 실제 상황에서 적시에 규정대로 적용될 수 있느냐 하는 문제와, 또 지금까지 그렇게 적용되어 왔는지에 대해서는 많은 차이가 있다.

또한 이러한 법과 제도는 일반적이고 보편적인 상황을 상정하고 제정한 것이기에 구분이 애매한 다양한 형태의 군사적 상황에 있어서는 딱히 적용할 조항이 없는 경우도 있고, 또 지나치게 심사숙고하다가 언론대응이나 공개의 타이밍을 놓치고 군사기밀도 보호되지 못하게 되는 경우가 종종 발생한다.

이러한 차원에서 전쟁이나 국지도발 때는 물론이고, 평시의 군사적 도발이나 위협으로 인한 중대 사태나 상황 발생 시에는 법과 규정 못지않게 대언론 위기관리 커뮤니케이션을 위한 절차와 상호 합의된 룰이 무엇보다 중요하고 필요하다. 이를 위해서는 주요 선진국들은 군과 언론 관계에서 어떠한 과정과 시행착오를 겪어왔는지를 고찰하고, 또 위기관리 커뮤니케이션에 대한 다양한 사례 연구를 통해 우리 상황에 맞는 법과 제도, 절차를 마련하고 정비해야 한다. 군과 언론은 물론 관련학계 등 모두의 관심과 노력이 어우러지면 가능한 일이다.

국방홍보훈령

제4장 언론홍보 및 언론보도 대응

제13조(언론홍보 활성화)

① 각급 기관은 인터뷰·신문기고 및 브리핑 등을 통하여 추진 중인 소관 업무의 내용을 국민들에게 정확하게 알리고 긍정적인 여론 형성에 주도적으로 참여하여야 한다.

② 각급 기관은 국방정책에 대한 언론인의 이해 증진과 언론과의 원활한 의사소통을 위해 논 · 해설위원 및 국방 담당 부장단 등을 초청한 정책설명회, 출입기자 간담회 및 부대 현장 견학 등의 계획을 수립하여 시행할 수 있다.

제14조(정례브리핑)

① 대변인은 제9조에서 규정한 국방홍보전략회의를 거쳐 언론에 대한 정례브리핑 계획을 수립하고 일일 정례 브리핑 및 수시 브리핑을 주관한다.

② 각급 기관은 주요 보도 예정사항을 매주 수요일까지 대변인에게 제출하여 정례브리핑 계획에 반영되도록 협조한다.

제15조(보도절차)

① 각급 기관은 소관 사항을 대외에 보도하고자 할 경우, 별표 1의 절차에 따라, 각 정책(사업) 부서에서 작성한 보도자료에 대한 자체 보안성 검토 후 소속 기관장의 결재를 받아 홍보담당부서의 장에게 보도를 의뢰하여야 한다.

② 제1항의 규정에 의한 기관별 보도 권한은 별표 2에 따른다.

③ 각급 기관의 홍보담당부서의 장은 보도 여부 및 그 시기와 방법, 내용 등에 대해 검토하여야 하며, 정책(사업) 부서에 수정·보완을 요구할 수 있다.

④ 각급 기관은 소관 사항을 홍보할 경우 다음 각호에 따라 기관장 또는 지휘관의 승인을 얻어야 한다.

1. 중앙매체 : 국방부장관, 합참의장, 각군 참모총장, 해병대사령관, 국직부대 및 기관의 장 (미담, 단순행사에 한정)
2. 지방매체, 인터넷매체 : 장성급 지휘관
3. 국방전문미디어 : 대령급 지휘관
4. 외국 언론매체 : 국방부장관

⑤ 제7조 제1항의 각 호 규정에 의한 보도자료 내용에 대해서는 대변인이 사전점검하고 필요시 주관하여 발표하도록 한다.

제16조(취재지원) ① 언론의 정당한 취재행위에 대해서는 공평하게 취재의 기회를 제공하여야 한다.

② 언론의 취재활동에 대한 지원과 자료 제공은 원칙적으로 해당기관 홍보 담당부서를 경유하여 이루어져야 한다.

③ 업무담당자가 개별적인 취재 요청을 받은 경우 소속 기관의 홍보담당 부서를 경유하도록 안내하여야 한다. 다만, 단순 사실 및 이미 알려진 사실의 확인은 제외한다.

④ 국방부 과장급 이상 공무원, 대령 이상 장교, 3급 이상 군무원은 유·무선 통신을 통한 기자의 질의에 국익과 군사보안 등을 고려하여 담당 분야에 대해 설명할 수 있다.

⑤ 국방부 국장급, 합참 본부장급 이상 직위자는 사전 약속된 기자와 사무실에서 접촉할 수 있으며 그 외 직원 및 장병은 대변인 및 해당 기관의 홍보담당 부서의 장이 지정한 장소에서 접촉한다.

제17조(출입기자 등록)

① 대변인은 국방부에 출입하고자 하는 기자로부터 별지 제1호 서식의 국방부 출입 신청서를 제출받아 신분확인, 신원조회 등 소정의 절차를 거쳐 승인 여부를 결정한다.

② 출입기자 등록 시 등록 가능 매체는 신문 · 방송 · 통신 · 인터넷 · 사진 기자협회에 가입된 언론사이며, 등록 인원은 신문, 방송, 인터넷 매체는 1사 1

인, 통신사는 1사 2인을 원칙으로 한다.

③ 대변인은 출입 승인을 받은 국내 언론사의 기자에 대하여 별지 제2호 서식과 같이 직원 출입증과 구별되는 출입기자증을 발급하며, 전시에는 평시와 구분되는 출입기자증을 활용한다.

④ 대변인은 다음 각 호에 해당하는 사유가 발생한 경우에는 출입기자 등록을 취소하고 출입기자증을 회수하여야 한다.

1. 출입처를 타 기관으로 옮기거나 6개월 이상 출입하지 아니하게 된 때
2. 군사기밀 탐지 및 누설 등 군사보안에 저촉되었을 때
3. 출입기자증을 타인에게 양도하거나 출입 이외의 목적으로 사용한 때

제18조(보도 제한 및 유의사항)

① 각급 기관은 소관사항의 언론 공개시 다음 각 호의 사항을 비공개로 하여야 한다.

1.「국방보안업무훈령」별표 2에 의한 군사비밀
2.「공공기관의 정보공개에 관한 법률」 제9조 및「국방 정보공개 운영 훈령」 제10조에 의한 비공개 대상 정보

3. 작전보도에 있어 다음 각 목의 사항
   가. 병력, 항공기, 무기체계의 수량
   나. 작전계획이나 공격계획, 교전규칙의 구체적 내용(취소된 계획 포함)
   다. 군부대의 기동, 전개, 배치에 관한 정보
   라. 정보·첩보수집 활동의 목표, 방법 및 그 결과
   마. 항공기·함정 등의 발진 지점
   바. 탐색 및 구조업무 계획 중이거나 진행 중인 격추 항공기나 격침 함정
사. 특수 작전부대에서 사용하는 장비나 전술 및 방법
아. 전투손실이나 인명손실 등 취약사항에 대한 구체적인 내용
4. 기타 국민의 군에 대한 신뢰 및 군의 사기에 중대한 악영향 미치는 사항

② 「국방 정보공개 운영 훈령」에 따라 공개할 수 있는 장성급 인사 관련 정보는 별표 3에서 정하는 바와 같다.

제19조(정책광고)

① 각급 기관은 정책광고 실시하고자 할 때에는 대변인과 광고의 내용·시기·예산 및 매체운용계획 등 그 내용에 대하여 사전에 협의하여야 한다.

② 제1항의 규정에 의한 소속장병 및 직원의 광고 출연시 공익 및 홍보효과 등을 고려하여 국방부장관, 합참의장, 각 군 총장, 해병대 사령관, 국직기관 및 부대장의 승인을 얻어야 한다.

③ 각급 기관에서 일반인으로부터 군 간행물 및 군 옥외 광고물 등에 광고 게재를 요청받은 경우에는 제2항을 적용한다.

제20조(대외발표)

① 각급 기관장은 소속된 자가 평론, 시사해설, 논문, 세미나 및 대담 등을 국방전문미디어가 아닌 외부 매체로 발표하고자 할 경우, 제15조의 절차를 준용한다.

② 각급 기관장은 제1항의 대외 발표자료 등이 국방 정책과 관련된 중요사항 또는 대외적으로 민감한 사안인 경우에는 국방부 관련 부서장의 사전 검토를 받아야 하고, 검토 결과를 대변인에게 대외발표 예정 5일 전까지 통보하여야 한다.

제21조(오보·왜곡보도 대응)

① 각급 기관의 장은 오보 또는 왜곡보도 방지를 위해

취재기자가 소관사항에 대해 문의시 공개 가능한 범위 내에서 최대한 사실관계를 확인해 알려주어야 한다.

② 각급 기관은 언론보도 중 객관적 사실과 다른 내용이 포함되어 있어 국민들에게 국방정책에 대한 오해를 불러일으킬 만한 사안이 있는 경우에는 해당 부대의 장 및 상급 기관의 홍보부서로 보고하고, 이를 신속히 바로잡을 수 있도록 입장 발표 및 해당 언론사 정정보도 청구, 언론중재위원회 또는 법원 제소 등 필요한 조치를 취하여야 한다.

③ 제2항에 따른 오보 및 왜곡보도에 대한 대응 절차는 별표 1, 별표 4에 따라 처리한다.

④ 각급 기관은 논란 또는 질의가 예상되는 보도가 있을 경우 즉시 입장 및 예상 질의 자료를 대변인에게 제출하여야 한다.

제22조(언론대책기구 구성 및 운영 등)

① 각급 기관은 언론 모니터링 및 언론 대응을 위하여 전담부서를 설치하거나 담당관을 지정 · 운용할 수 있다.

② 각급 기관장은 소관 업무와 관련한 이슈가 위기로

확대될 수 있는 상황이 발생한 경우, 신속하고 효과적인 언론 대응을 위하여 언론대책기구를 구성 · 운영할 수 있다.

③ 각 군 본부는 여단급 이하 부대 또는 기관(해군 및 해병대 전 · 여단급 이하, 공군 비행단급 이하)에 주요 홍보사안이 발생한 경우 군단급 이상의 부대 또는 기관(해군 작전사 이상, 해병대 사령부 이상) 홍보담당자로 기동홍보팀을 편성하여 지원할 수 있다.

제23조(통합방위사태 시 언론대응기구)

① 통합방위본부장(합참의장)은 "통합방위사태" 선포 시 언론매체의 취재 활동 지원을 위하여 통합방위본부 내에 중앙합동보도본부를 설치 · 운영하고, 필요시 취재활동이 용이한 지역에 지역합동보도본부를 설치 · 운영할 수 있다.

② 국방부, 중앙 및 지역 합동보도본부는 해당지역의 원활한 작전수행을 위해 언론의 협조가 필요한 경우 「국가안보 위기시 군 취재·보도 기준」에 따라 언론사에 협조를 요청할 수 있다.

③ 작전지휘관은 통합방위작전에 대한 취재 지원시

언론매체로부터 최소한 취재 1일 전까지 취재기자 명단을 통보받은 후 취재 당일 별지 제3호 서식의 취재동의 서약서를 작성하게 하고 미리 정한 취재진 식별표지를 부착하도록 해야 한다.

④ 기타 작전지휘관의 언론매체 취재활동 지원은 「통합방위법 시행령」 제19조에서 정한 바에 따른다.

제24조(전시 언론대응기구)

① 각급 기관의 장은 전시 자체 계획에 따라 전시 홍보체제로 전환한다.

② 대변인은 전시 국방관련 공식 언론 창구 기능을 수행할 국방 프레스센터를 운영하며 각급 기관의 장은 이에 적극 협조해야 한다.

③ 각급 기관의 장은 대변인의 통제 하에 전시 뉴미디어 홍보 전담부서를 설치하거나 담당관을 지정하여 운영한다.

제5장 사건 · 사고 보도활동시 유의 및 제한사항

제25조(보도 원칙)

① 군 관련 사고는 공개를 원칙으로 하며 별표 5에 따라 '극히 중한 사고'는 국방부에서 공개하고 '중한 사고' 이하는 각 군 본부에서 공개한다. 다만, 극히 중한 사고라도 각 군에서 공보조치를 취하는 것이 적절한 경우 별도 지침에 따라 각 군에 공보조치를 위임할 수 있다.

② '중한 사고' 이상은 공개를 원칙으로 하고, 오보 또는 왜곡보도가 발생하지 않도록 최단 시간 내에 발표한다.

③ 사고 발생 시 국방부 및 합참, 각 군 공보계통에서 최초 발표하는 것을 원칙으로 하며, 이후 공보계통의 협조 하에 해당 수사기관은 수사 진행과정, 결과 등에 대한 언론대응을 담당하고 해당 부서나 기관은 사후 조치 또는 대책 발표를 담당해야 한다.

④ 각 군 본부 및 해병대사령부 이하 부대에서 공개하는 사고는 국방부 기자실 또는 발생 지역 언론을 대상으로 한다. 발생 지역 언론을 대상으로 공개할 경우 국방부 기자실에도 통보하여야 한다.

⑤ 대변인은 사고 공개와 관련하여 필요시 이를 조정·통제할 수 있으며, 각급 기관에서 사건 · 사고 보도 원칙을 준수하지 않았을 경우 공보계통은 감사 · 감찰 계통으로 관련 사항을 통보할 수 있다.

제26조(사고전파)

① 각급 기관은 「부대관리훈령」 별표 3에 의한 지휘보고와 참모보고를 대변인 및 소속 기관의 공보계통 부서의 장에도 동시에 통보해야 한다.

② 합참 지휘통제실장은 사고발생 상황을 접수했을 때 대변인에 보고해야 한다.

③ 국방부 조사본부는 헌병 분야 사고 담당부서장으로부터 보고받는 안전사고, 군기사고, 기타 언론보도가 예상되는 사고 속보 등을 대변인에게 통보해야 한다.

제27조(보도활동 협조)

① 공보계통에서 언론대응 조치를 행함에 있어 사고 관련 부서나 기관, 수사기관 등은 적극 협조하여야 한다.

② 대변인은 국방부 차원의 대응이 필요한 중대한 사

고가 발생하여 국방부 내 사고대책반 및 사고종합 대책본부가 구성될 경우 해당 대책반의 협조 하에 공보조치를 하여야 한다.

제28조(인명사고 취재)

① 인명사고 발생 시 언론 공개에 앞서 친족에게 먼저 통보해야 하며 필요시 환자 치료에 방해되지 않는 범위 내에서 본인의 동의와 해당 의료시설 지휘관의 승인을 거쳐 공보계통의 안내에 따라 언론 취재에 협조한다.

② 의료시설 지휘관은 공보계통의 요청이 있을 경우 입원 또는 퇴실일자, 일반적인 용어로 표현된 환자의 상태, 치료와 직접적인 연관이 없는 신상정보(소속, 교육경력, 연령, 복무기간 등)를 공개할 수 있다.

제29조(사건관계자 신상 등의 공개)

① 사건관계자를 지칭할 때에는 익명으로 표기하며, 구체적인 정보제공을 위해 연령과 소속 기관(사단급 이상)을 병기할 수 있다. 단, 소속 기관을 명시할 경우에는 군 작전이나 보안을 고려해야 한다.

② 제1항의 규정에도 불구하고 수사 및 보도의 공정

성을 위하여 필요하고, 사건관계인이 고위공무원, 현역장성 등 공적(公的) 인물인 경우에는 실명과 구체적인 지위를 공개 할 수 있다. 단, 「국방보안업무훈령」상 비밀로 분류되어 있는 장성급 장교를 장으로 하는 전투부대, 정보부대 및 기무부대의 현직 지휘관은 예외로 한다.

제30조(사건공개 제한)

① 다음 각 호의 경우를 제외하고 공소제기 이전에 사건 내용을 공표하거나 공개할 수 없다.

1. 사건관계인의 명예 또는 사생활 등 인권을 침해하거나 수사에 지장을 초래하는 중대한 오보 또는 추측성 보도를 방지할 필요가 있는 경우
2. 범죄로 인한 피해의 급속한 확산 또는 동종 범죄의 발생이 심각하려 우려되는 경우
3. 공공의 안전에 대한 급박한 위협이나 그 대응조치에 관하여 국민들이 즉시 알 필요가 있는 경우

② 사건을 공표 또는 공개할 경우 다음 각 호의 사항은 비공개로 한다. 단 제28조 제2항의 경우는 예외로 한다.

1. 성명, 얼굴 등 사건관계인의 신원을 알 수 있는 제

반 정보

2. 범죄혐의와 직접 관련이 없는 개인의 신상 및 사생활에 관한 정보
3. 구체적인 수사 진행 사항 및 향후 계획 등 수사 또는 재판에 영향을 미칠 수 있는 내용
4. 범인검거 또는 증거수집에 활용된 수사기법
5. 수사사건기록의 원본 또는 사본
6. 제18조 제1항에 의한 비공개사항

③ 성 관련 사건 · 사고가 발생하였을 경우, 언론발표를 함에 있어 인권보호를 위해 피해자를 포함한 관계자의 의견을 최대한 반영하고, 공개를 희망하지 않을 경우 비공개 할 수 있다.

제31조(수사보안)

① 각급 기관의 장은 이 훈령에서 정한 절차에 따른 공보조치 외의 방식으로 수사 또는 감사와 관련된 내용을 외부에 공개하여서는 안 된다.

② 수사기관의 장은 소환, 조사, 압수, 수색, 체포, 구속 등 수사과정이 언론이나 그 밖의 사람들에 의하여 촬영·녹화되지 않도록 하여야 한다. 단, 공보계통에서 투명성 제고 등 공익적 목적을 위하여 언론취재 지원을 요청할 시 이를 허가할 수 있다.

군과 언론 관계
선진국의 표면(表面)

미국의 군과 언론 관계

미국은 자국에 대해 타국으로부터의 직접적인 군사도발이나 위협으로 인한 군사적 위기 상황은 없었다. 미국이 관할하는 다른 나라에서 펼치는 전쟁과 군사작전에서 취재와 보도를 둘러싸고 군과 언론 관계에서 많은 변화와 발전 과정을 겪어왔다. 미국에서 언론이 전쟁이나 전투를 취재하기 시작한 것은 남북전쟁(1861-1864년)때 부터인 것으로 알려지고 있다. 남북전쟁 기간 동안 약 500명의 기자들이 활동을 했으며, 전신의 발달로 신문사로의 기사송고는 신속하여 전투가 치러진 다음날 보도가 될 정도였고, 이때 군은 신문기사를 전신국에서 검열함으로써 언론보도를 통제하곤 하였다.

1910년대 제1차 세계대전 때는 기사들에게 일종의 종군기자 형태의 허가증을 주고 계급장이 없는 군복을 입고 대위에 준하는 예우를 해주었다. 기자들은 참전비용으로 당시 기준으로 1000달러를 내고 종군취재 하였다. 취재 시에는 안내

장교의 통제와 검열을 거치기는 하였으나, 언론을 군에 대해 최대한 호의적으로 보게 하는 선전도구 정도로 보았다.

1940년대 제2차 세계대전 때 미국의 군과 언론 관계는 많은 발전이 있었다. 정부에서는 전쟁정보국(Office of War Information)을 설치하여 전쟁에 대한 홍보활동을 담당하였고, 한편으로는 검열국(Office of Censorship)을 설치하여 언론에 대한 검열을 하였다. 검열국에서는 언론사와의 협의를 통해 자발적으로 전시수행규칙(code of wartime practices)을 만들어 취재와 검열 등 전반적인 보도 절차에 관해 명시하였다. 또한 군은 종군기자들 간에 기사를 서로 공유하도록 하는 일종의 공동취재단(pool system)의 시초라고 할 수 있는 제도를 운영하였다.

1950년대 한국전쟁 때 미군은 전쟁 초기에는 검열제도를 시행하지 않고, 군사비밀 유지를 위한 전쟁보도에 대한 강령을 통해 언론을 통제하였다. 특히 맥아더 장군은 언론에 대해 매우 관용적인 태도를 취하여 심지어 인천상륙작전(Operation Chromite)도 30여 명의 종군기자가 동행취재토록 하였다.

전쟁발발 6개월쯤 1950년 12월 20일경에 미군은 일본 도쿄에 위치한 극동사령부(Far East Command) 공보처에 언론자문단(Press Advisory Division)을 설치하였고, 전쟁 중인 한국에는 미8군 예하에 언론보안단(Press Security Division)을 설치하고 검열제도를 도입하였다. 이러한 제도의 도입은 종군기자들의 요청에 의해 이루어진 것이 특이하다. 검열이 기자들 간의 지나친 경쟁을 억제해 줄 수 있는 도구가 될 수 있기 때문이다. 이 검열제도는 군과 언론관계를 비교적 원만하게 하였으며 기자들도 별 불만이 없을 정도로 운영되었다.

1960년대 베트남전을 계기로 미국은 군과 언론 관계에 대한 연구가 집중적으로 이루어졌고, 결과적으로 베트남전은 언론에 대해 군이 가장 적개심을 갖게 한 전쟁이라는 인식을 갖게 되었다.

1964년에 미국이 베트남 전쟁에 개입하면서 초기에는 기자들의 취재와 보도에 별다른 통제나 검열제도를 도입하지 않고, 군사지원사령부에 언론사 기자신분 확인 서류를 제출하고 군의 보안관련 원칙 15개항에 대한 동의서에 서명하면 비교적 수월하게 전투현장에 대해서 까지도 취재와 보도가 허용되었다.

그러나 1968년에 사이공 주재 미 대사관이 베트콩에 의해 공격받는 사건이 발생하자 미국민들은 그동안의 정부와 군의 언론에 대한 정보와 설명이 믿을 수 없다는 불신이 생기게 되었다. 또한 그로 인해 언론(특히 TV)은 전쟁의 참혹상과 앞이 보이지 않는 정글에서 적과 민간인이 구분되지 않는 게릴라전에 임해야 하는 미군들의 오폭이나 혐오감을 줄 수 있는 내용들까지 보도하기 시작하였다. 이러한 보도는 미국 내에서 베트남전 기간 동안 실시된 징집에 반대하는 반전여론으로 이어지게 되었다. 결과적으로 베트남전이 사실상 미군의 실패한 전쟁으로 끝나게 되자 미군은 전쟁 패배의 원인이 언론의 전쟁 취재와 보도로 인한 것이라고 여길 정도로 군과 언론은 서로를 불신하게 되었다.

1980년대에 미국의 군과 언론 관계에서 주목할 만한 위원회와 규칙이 제시되었다. 1983년 10월에 미국이 영연방 국가의 하나인 그레나다에 대한 공격작전 시 미군은 작전초기에는 언론 취재를 허용하지 않았다가, 작전이 어느 정도 전개되고 나서 3일 만에 언론취재를 Pool(공동취재)형식으로 뒤늦게 허용해 주었다. 이에 대해 언론은 적시에 취재를 하지 못함으로써 국민의 알권리와 미국의 수정헌법 제1조에 어긋남을 항의하였고, 이에 미군은 1983년 11월에 '사이들 위원회(Sidle Military-Media Panel)'를 구성하여 초당적인 군과 언론 관계에 대한 연구를 하게 되었다. 사이들 위원회의 주된 과제는 '군사작전에서 군 병력의 안전과 작전보안을 유지하면서도 언론의 취재와 보도를 허용할 수 있는 방안은 무엇인가'하는 것이었고, 마침내 사이들 위원회는 '국방성 미디어 풀'제도(Department of Defense National Media Pool, DoDNMP)를 도출하였다.

1989년 12월에 미군의 파나마 침공작전 때에는 DoDNMP를 운영하였으나, 작전개시 후 5시간 만에 기자들을 수송기에 실어 파나마 군사작전 지역에 이동시켜 주었다. 그러나 군의 이러한 조치에도 불구하고 사실상 취재가 제대로 되지 않아 언론의 불만을 낳게 되었다.

미군은 이 작전이 종료된 후에 AP통신의 국방성 출입기자인 Fred Hoffman을 위원장으로 한 '호프만 위원회'를 구성하고 파나마 침공작전 당시의 언론 취재와 관련한 문제점에 대해 논의하여, 언론에 대한 군의 감독과 군사비밀 사항을 줄이는 것을 골자로 한 17개의 개선안을 마련하였다.

1990년대에 걸프전을 통해서 미국의 군과 언론 관계에서 전쟁보도에 대한 일정한 준칙을 마련하는 계기가 되었다. 걸프전에서 미군은 전투현장에는 언론이 직접 접근하지 못하도록 철저히 공보장교들의 안내와 에스코트하에 행동하도록 하였고, DoDNMP 제도를 통해 기자들이 공동취재토록 하였으며, 가급적 군에서 제공하는 전송수단을 이용하도록 하여 보안점검(security review)을 받도록 하는 등으로 인해 많은 항의를 받았다. 군의 이러한 언론통제는 전쟁 종료 후 언론 스스로의 반성과 반발이 생겼고 이로 인해 1992년에 Robert R. McCormick Tribune 재단이 주관한 군과 언론 지도자들의 회의를 통해 '전투중인 미군의 뉴스 취재에 대한 9개 원칙'이 마련되었다.

9개 원칙의 주요 내용은 다음과 같다.

- '공개적이고 독립적인 보도가 군사작전을 취재하는 기본 수단이 되어야 한다.
- 미디어 풀(media pool)제가 군사작전을 취재하는 표준수단이 되어서는 안되고 가능한 최소한의 기간과 범위동안 가동되어야 한다.
- 원거리 작전이나 장소가 제한되는 곳에서는 미디어 풀제가 적절하다.
- 언론인들은 군의 주요한 작전에 접근할 수 있도록 허용되어야 한다.
- 군 공보장교들은 언론의 안내 장교 역할 정도만 하고 언론보도 과정에 간섭해서는 안 된다.

– 군은 pool 취재기자들에게 이동이나 전송에 필요한 장비 등을 제공해야 한다.'

2003년 이라크 전쟁 때는 기자들을 전투현장에 직접 동행취재 하도록 하는 '임베딩'(embedding) 제도를 도입하였다. 이 임베딩 제도는 취재 기자들을 작전부대에 배속시켜 장병들과 같이 숙식하며 동행취재할 수 있도록 허용하고 지원하는 것이다. 임베딩 기자단에 들어가기 위해서는 사전에 1주일 정도의 집체교육에 참석해야 하며, '취재 기본 규칙(Ground Rules)'에 동의하도록 하여 군의 통제를 따르도록 하였다. 이 제도는 장병과 동행 취재진의 안전과 작전보안 유지에 핵심적인 가치가 있는 것이며, 취재 기본규칙에는 인터뷰 원칙, 무기소지 금지, 등화관제, 작전보안 엠바고, 언론에 공개 가능한 사항 14개, 공개금지사항 19개, 전 · 사상자 보도 지침 9개 등으로 세분화되어 있다.

이와 같이 미국은 군사작전의 취재와 보도에서 군과 언론관계에 관한 규칙이 매우 활발하게 발전되어 왔다. 한편 미군은 전시가 아닌 평시에도 언론의 취재와 보도를 제한할 수 있는 기준을 가지고 있다. 즉 대통령 행정명령(President's Executive Order No.12958)에 의하여 '군사계획, 무기 또는 작전, 첩보수집 행위, 핵시설 안전 프로그램' 등 국가안보와 직결된 기밀에 대해서는 언론의 취재를 제한하고 있다는 점도 주목할 부분이다.

영국의 군과 언론 관계

영국은 군과 관련한 언론의 취재보도에 있어서 오랜 역사적 경험과 노하우가 있다. DA-Notices (Defense Advisory Notices, 국방자문공고) 제도는 영국의 군과 언론 관계에 대해 알 수 있는 대표적인 예이다. 이 DA-Notices 제도는 1912년에 영국 해군본부와 육군성에 의해 만들어진 것으로, 즉 언론이 적에게 유용한 정보를 보도하는 것을 막을 수단이 필요하다는 판단 하에 기자협회 등 언론단체와 수차례에 걸쳐 논의하여 이 문제를 해결할 수 있는 조직을 만들기로 합의하였던 것이다. 이에 따라 육군성 차관보와 기자협회 대표가 최초로 공동사무총장에 임명되어 운영되었다. 초기에 몇 번의 시행착오를 겪었고, 1 · 2차 세계대전으로 인해 1939년에는 D-Notices 제도가 해체되고 군 정보부에 의한 언론검열로 대체되기도 하면서 1960년대 초반까지는 이 제도가 잘 운영되었다. 그러나 1967년 영국 정보기관 MI5 사건으로 한때 해체 직전의 상황까지 이르기도 하였다. 1971년 기존의 D-Notices를 취소하고 상시적인 D-Notices로 대체하면서 언론이 국가안보에 대한 보도시 고려할 수 있도록 충분한 지침을 주고 언론 편집자들이 보도여부를 결정할 때 조언을 요청하도록 하였다.

1993년 위원회의 명칭을 DPBAC (Defense, Press and Broadcasting Advisory Committee, 국방언론자문위원회)로 정하고, D-Notices를 DA-Notices 로 개칭하고 5개 분야에 대한 상시적인 취재보도의 지침으로 삼고 있다.

DA-Notice 01: 군사작전, 계획 능력
DA-Notice 02: 핵무기, 비핵무기 및 장비
DA-Notice 03: 감청, 비밀통신
DA-Notice 04: 민감한 비밀시설 위치정보
DA-Notice 05: 영국의 보안, 정보기관

DA-Notices 제도는 국가안보와 관련된 사항에 대한 보도 금지 지시가 아닌 일종의 권고사항(request)으로 법적 강제성은 없다. 그러나 영국 언론이 관례적으로 이 사항을 준수하고 있고, 이를 통해 군과 언론 간의 협조 시스템도 잘 이루어지고 있다. 또한 DPBAC는 안보관련 부처와 언론이 DA-Notices 지침을 자율적으로 준수하고 적용하는지에 대한 감독과 지원 기능을 담당한다. DPBAC 위원장은 국방부 부장관이 맡고 부회장은 언론계 대표 중에서 1명을 선발한다. 사무총장은 예비역 소장급이 맡고 있는데 국방예산의 지원을 받는 공무원 신분이며, 반드시 언론계를 대표하는 부회장의 동의를 얻어서 임명된다. 회원은 정부 유관부처 4명(국방부, 내무청, 외무연방청, 총리실)과 언론계 대표 16명 등 모두 20명으로 구성되어 있다. 이들 위원들은 군과 관련된 사안의 보도 여부에 대해서 위원회에 조언을 한다. 또한 정부의 제안은 언론계의 동의 없이 DA-Notices로 발표되지 않도록 하고 있다.

DPBAC는 매년 2회 정기회의를 개최하며, 국가안보 환경의 변화에 따른 수요를 DA-Notices에 반영하도록 검토한다.

DA-Notices는 법적인 위치는 없으며 제공된 권고 사항은 언론에 의해 부분적으로 또는 전부가 수용되거나 거절될 수도 있다.

한편 영국은 국가차원이 아닌 개별 언론사인 공영방송 BBC는 '편집지침서'(Editorial Guideline) 제11장 '전쟁 · 테러 · 비상사태에 관한 가이드라인' 즉 '보도준칙'을 가지고 있고, 그 외에도 '국방자문지침' '적대적 환경' 등의 상황이 발생할 경우에는 법무팀의 자문을 받도록 하고 있다.

BBC의 가이드라인에는 전쟁이나 테러, 비상사태시 보도에서 BBC가 지켜야 할 기본규칙과 협의 의무, 안보 및 기밀관련 보도, Defence Advisory Notices와 관련된 보도 등에 대해 규정하고 있다. 즉 "DPBAC 사무총장의 권고나 연락이 있을 경우에 편집부장이 BBC의 내부정책 및 규정과 협의해야 한다"고 명시함으로써 군 당국과 기자협회의 합의에 따라 안보와 관련된 주요 사안에 대해 협력적 관계를 유지하고 있음을 알 수 있다. 그러나 DPBAC의 권고에 의한 DA-Notices의 준수 여부에 대해서는 법적인 강제성이 없고 최종 판단은 BBC에 있다.

이스라엘의 군과 언론 관계

이스라엘은 1948년 독립국가로 출범할 당시부터 이스라엘 군의 현역 대령이 단장으로 하는 언론 검열제도(Censorship)를 시작하여 지금까지 유지되고 있다. 이후 1966년에 국방부와 편집인위원회(Israel Editors' Committe)가 구체화된 제도로 합의하여 국가안보를 위한 제도적 검열장치로 정착되었다.

기본적으로 이 제도는 군이 검열제도를 남용하지 않는다는 전제를 바탕으로 하고 있다. 그리고 적을 이롭게 하거나 국가를 위태롭게 할 비밀정보를 보호하려는 본질을 준수하되, 언론이 정치적 현안에 대한 의견이나 비판은 보장해 준다.

이스라엘 군 검열관은 적대국이 이스라엘 언론이 보도하는 공개정보를 활용하는 것을 차단하는 관점에서 민감한 기밀보호 차원의 세부적인 항목을 언론에 고지하여 보도검열을 받도록 하고 있다. 이스라엘의 군과 언론이 국가안보를 위해 사전에 검열에 합의하여 준수하는 등 갈등요소를 최소화하고 있다.

1990년대에 들어 이스라엘 의회는 이 제도의 존치여부를 검토하여 지속적으로 유지하되 일부 조건을 변경하였다. 즉 이스라엘에서 활동하는 외신 기자들도 이 검열제도의 적용을 받도록 하였으며, 외신에 이미 보도된 내용에 대해서는 이스라엘 국내 언론이 이를 보도하도록 허용하였다. 그리고 언론 검열단은 이스라엘 군으로부터 독립적인 위상을 가지며, 어느 누구에게도 예속되지 않는다. 검열단장은 국방부장관이 임명하되 의회와 사법부의 감독을 받는다. 군 검열제도의 존치 근거는, "국가안보 차원의 심각한 위기나 분쟁 상황에서 국민들의 '생존의 권리(right to live)'가 '표현의 권리(right to expression)'에 우선한다."는 이스라엘 대법원의 판결에 의한 것이다.

한편으로 '국가안보에 실제적 위해를 가함이 명백한' 보도에 대해서만 보도내용의 삭제 또는 금지조치가 타당하다'는 판결에 따라 검열단은 일반적 표현의 자유에 대한 통제가 아니라 언론의 민감한 정보사항에 대한 보도 위주로 검열한다.

군 검열단은 제재조치를 따르지 않는 기자나 해당 매체에 대하여는 징계, 벌금, 폐간은 물론 사법처리 의뢰 권한까지 갖고 있으며, 외신 기자일 경우 추방조치까지 취할 수 있다. 군 검열단의 조치에 언론과의 갈등이 발생할 경우 3인으로 구성된 중재위원회(arbitration committee)에 이의를 제기할 수 있도록 하고 있다.

이스라엘 언론매체들은 자체 검열이 활성화되어 있으며 '국가안보를 위한 보도금지 사항'에 대한 위반 자체를 불명예로 여기는 문화가 정착되어 있다. 이스라엘의 검열제도는 용어에서 느끼는 경직성과는 달리 융통성 있는 적용이 이루어지고 있다. 즉 검열대상 보도의 80-85%가 원본 그대로 보도되고 있으며, 10-15%는 특정 문장 · 단어 · 정보사항에 대한 수정이 요구되고 1%정도만 보도금지 조치가 내려지는 정도라고 한다.

군 검열관들은 적 정보기관의 관점에서 언론보도 내용을 확인하기 때문에 정치적 남용의 소지가 거의 없고 언론에서도 이를 인정하고 있다. 이와 같이 이스라엘은 국가안보와 언론

자유가 갈등을 일으킬 때 국가안보를 우선하는 제도적 장치를 오래전부터 갖추었으며, 언론의 자율적 협조와 군 검열당국의 남용금지가 합리적 조화를 이루며 운영되고 있다.

군과 언론 관계 선진국이 주는 시사점

미국, 영국, 이스라엘의 군과 언론 관계는 군사상황과 관련된 사안에 대해 신중한 보도가 이루어지도록 상호 협조할 수 있는 법적 · 제도적인 시스템을 갖추고 있다. 이렇게 군과 언론이 상호 협력적인 시스템을 갖추기 까지는 수차례의 시행착오를 겪어왔다. 특히 전쟁보도와 같은 특수상황이 아니라도 평소 국가안보 관련 사안에 대한 취재보도 시에도 군과 언론이 상호 협력 관계를 유지하여 국익에 저해되지 않도록 하고 있음은 주목할 만하다.

미국은 세계 곳곳에서 전쟁을 수행하면서 군사작전이나 전쟁과 관련한 언론의 취재와 보도에서 여러 가지 다양한 언론 정책과 제도를 적용 발전시켜 가면서 전시는 물론 평시에도 군과 언론이 서로 상생의 협력관계를 유지해 오고 있다. 미국도 초기에는 기자들을 전쟁 현장에 접근하지 못하도록 하여 언론의 반발을 불러일으켰으나, 그 후 달라진 미디어 환경을 고려하여 현장 접근을 보장해 주되 취재진에게 취재 기본규칙을 정해주고 이를 준수하도록 하여 각종 취재지원과 편의를 제공해 주고 있음은 기본원칙 속에서 탄력적인 운영의 모습이다.

영국은 DPBAC(국방언론자문위문회)를 운영하고 있다는 것과 이를 통해 DA-Notices제를 군과 언론이 조화롭게 적용 발전시켜 나가고 있는 것이 매우 특징적이다. 그리고 BBC와 같은 공신력 있는 언론이 전쟁 · 테러 등 중대한 국가안보 비상사태에 대비한 가이드라인을 지침으로 가지고 있으며, 또한 이러한 경우에는 군과 자발적으로 긴밀히 협조하고 있는 점은 많은 시사점을 주고 있다.

이스라엘은 언론 검열제도를 통해 적대국에게 어떠한 공개정보도 제공되어서는 안 된다는 점을 강조하고 있는데, 이것은 이스라엘의 특수한 안보환경에서 비롯된 것으로서 안보환경이 비슷한 우리에게 좋은 참고가 될 만하다.

우리나라 군과 언론 관계의 내면(內面)

이념 대립으로 인한 사회갈등

우리나라의 군과 언론 관계의 내면에는 주목할 만한 특수성이 있다. 바로 이념(이데올로기) 대립으로 인한 오랜 사회 갈등의 문제가 내재되어 있다는 것이다. 이러한 특수성을 이해해야 군과 언론 관계를 제대로 정립하고 발전방안을 도출해 낼 수 있다.

이념 대립은 정치체제의 선택 문제, 즉 광복 전후의 시기에 소련이나 중국식의 사회주의 체제와 미국식의 자유 민주주의 체제 가운데 어떤 것을 선택할 것이냐의 문제에서 시작되었다. 이러한 정치체제의 선택을 둘러싼 대립과 갈등은 결국 좌우의 이념적 대립과 남북한으로의 영토 분단 상황 등이 이어지면서 더욱 표면화되었다. 남북의 분단은 시간이 갈수록 점점 고착화되어 군사적 대치가 지속되었고, 이것이 다시 남북한 간의 이념 대립은 물론, 한국사회 내부의 남남갈등의 원인으로 작용하게 되었다는 것이 일반적 시각이다.

결국 이러한 이념 대립은 진보와 보수의 양대 진영으로 나뉘어 대립되면서 오랫동안 한국 사회의 가장 대표적인 갈등 요소로 작용해 왔다. 물론 시대의 변화에 따라 한국사회에서 이러한 이념적 양극화 현상은 점점 약화되고 중도 성향의 비중이 늘어나긴 했지만 대북문제와 안보문제에 있어서는 여전히 이념적 성향이 짙게 나타나고 있고, 진보와 보수 간의 갈등이 존재하고 있는 것이 현실이다.

전문가들은 이러한 한국사회의 이념적 대립, 즉 보수와 진보를 구분 짓는 두 개의 축은 '반공 이데올로기의 수용과 거부'라는 하나의 축과 '권위주의와 자유주의'라는 또 하나의 축으로 보고 있다. 이러한 이념 대립과 갈등은 광복초기에 우세적이었던 좌파진영이 미 군정기 동안 우파진영에 의해 축출되면서 시작되었고, 그것이 한국전쟁과 유신체제를 거치면서 반공 이데올로기라는 형태로 나타났다고 본다.

즉 한국 사회에서 이념 대립과 갈등은, 보수는 '반공 이데올로기의 수용과 권위주의'로, 진보는 '반공 이데올로기의 거부와 자유주의'의 강조로 특징지을 수 있다는 것이다.

이러한 이념 대립은 광복 후 언론 영역에서도 재현되어 좌파와 우파의 대립은 곧 좌파신문과 우파신문의 대립이 되었고, 당시 신문은 정파지(partisan press) 성격을 띄게 되었으며, 기자들은 자의든 타의든 간에 당파의 이념을 대변하는 이데올로그가 된 셈이라고 분석되고 있다. 이로 인해 한국 언론은 공적 문제를 사회적 시각에서 보도하지 않고 계급적 · 당파적 시각에서 보도해 왔다고 지적받고 있다.

이념 대립으로 인한 사회갈등

한편으로 한국 언론은 일제 강점기와 군부권위주의시대를 거치면서 끊임없이 정치권력의 통제를 받아왔거나 정치권력과 갈등구조를 빚어왔다. 또한 한국 사회가 점차 권위주의 체제에서 자유주의 체제로의 정치사회적인 변동과 더불어 언론자율화가 진행됨으로 인해 정치권력에 대한 언론의 비판이 강화됨에 따라 이것이 정부와 언론 간의 또다른 갈등요인이 되었다는 점도 무시할 수 없다.

이러한 바탕에서 한국 언론은 이른바 이념적 성향에서 보수언론과 진보언론으로 대별되어 특정의 이념적인 사안과 관련된 보도에서는 숨길 수 없는 갈등양상을 보이기도 했다. 특히 햇볕정책 등 대북정책과 관련하여 보수언론과 진보언론으로 대별되는 보도 양상은 정치적 · 이념적 성향에서 뚜렷이 대조되고 있다.

한편 한국인들의 이념적 성향이 점차 약화되고 있다는 조사와 연구에도 불구하고 여전히 언론보도에서는 이념 갈등이 주요한 사회갈등으로 다뤄지는 이유는 언론이 정치적 목적으로 이념 갈등을 확대재생산하고 있는 점도 무시할 수 없는 이유이다.

이러한 남북 간의 정치체제와 분단으로 인한 좌 · 우의 이념적 대립이 광복 후 산업화와 민주화 과정에서 반공 이데올로기와 권위주의 체제에 대한 대립으로 이어지고, 그 연장선상에 진보와 보수로 구분되는 언론의 정파적 이념 성향이 노출됨으로써 정부의 대북정책이나 남북관계, 국가안보에 관한 의제에서 군과 언론의 갈등이 발생되고, 심지어 언론 상호 간에도 갈등이 존재하게 되었다는 점에 한국적 특수성이 있다.

이와 같이 그동안 남북의 군사적 대치와 권위주의 통치 시대를 거치면서 군은 국가안보를 강조하며 국가기밀의 보호라는 대의명분을 내세웠고, 이로 인해 군 관련 언론 보도는 통제를 받아 왔으며 결과적으로 언론의 자유가 위축되었다는 인식이 남아 있다.

이러한 연장선에서 군과 언론 간의 갈등과 마찰이 일어날 소지가 잠재되어 있고, 이데올로기의 대립으로 인해 분단된 광복 당시의 후유증이 완전히 가시지 않은 탓으로 인해 언론의 정파성과 이념적 성향이 지속되어 나타나고 있다.

지금도 남북 간의 군사적 충돌과 마찰이 발생할 경우에는 언제든지 팩트 위에 덧칠된 이념의 색깔이 나타날 수 있는 특수성을 내면에 안고 있다는 점에서 군과 언론 관계의 발전을 위한 근본적이고 장기적인 프로그램 마련이 필요하다.

군사상황 발생 시 취재보도의 원칙과 기준

'국가안보 위기 시 군 취재보도 기준' 제정 배경

2010년 '천안함 피격사건'과 '연평도 포격전' 같은 중대한 군사상황이 발생할 때마다 군과 언론은 크고 작은 갈등과 마찰을 겪었다. 1997년 강릉무장간첩 침투사건 때도 마찬가지였다. 그런데도 군과 언론 간에는 유사한 상황이 재발되지 않도록 하기 위한 대안이 없었다. 즉 상호 간에 어떻게 협력하고 협조해야 하는지에 대한 실천적인 방침이나 규칙이 없었다.

이에 대한 성찰과 논의가 2010년 후반기에 들어 군과 언론계, 학계를 중심으로 제기되었다. 이후 약 2년간의 노력 끝에 2012년 9월 '국가안보 위기 시 군 취재보도 기준'이라는 보도준칙이 제정될 수 있었다. 이 보도준칙은 군과 언론이 합의하여 만든 최초의 준칙으로서 군과 언론관계 발전을 위한 중요한 획을 긋게 되었다.

이 준칙은 '국가안보 위기 시 군 취재 · 보도 기준'이라는 명칭으로 확정되었지만, 논의 과정에서는 '군 비상사태 시 보도기준' 또는 '군 작전 시 보도기준' 등 여러 가지가 검토되었다. 그러나 '군 비상사태'라는 용어는 북한의 실제적인 침투나 도발이 없더라도 군이 사전에 대비태세 차원에서 작전 준비의 일환으로 비상사태로 명명할 수가 있고, 또 평상시의 정상적인 일상보다 조금 더 강화된 경계태세나 대비태세를 '비정상적인 상태' 즉 '비상사태'라는 용어로 사용하고 있는 점 등을 고려해 볼 때 개념 정의가 불분명하여 제외되었다.

'군 작전 시 보도기준'은 비록 '경계태세 강화' 등의 비상사태가 발령되지 않았더라도 적의 침투 흔적이 있거나 또는 근거가 불충분한 오인 신고의 경우에도 군 작전을 하는 경우가 많이 있을 수 있기 때문에 지나치게 포괄적이고 광범위하다는 점으로 인해 부적합한 것으로 논의되었다.

'취재'와 '보도'를 같이 명시한 것은 비록 보도를 하지 않거나 보도가 되지 않더라도 취재한 내용이 각종 SNS(Social Network Service) 등을 통해 유포될 소지가 있고, 또 취재과정과 보도과정을 구분해서 살펴볼 필요가 있으며, 취재는 하였으나 당장에 보도를 하지 않더라도 추후에 자료 화면으로 사용하여 부작용이 나타날 가능성 등이 있기 때문이다.

또한 '가이드라인(guide line)'이나 '권고기준', '준칙' 등의 용어가 검토되었으나, '가이드라인'은 영어식 표현이면서 통제와 간섭의 의미인 일종의 보도지침과 같은 의미로 들릴 수 있다는 점에서, '권고'라는 용어는 자발성이 약하고 의타적인 어감을 준다는 점으로 인해, '준칙'은 일반적인 규칙이나 원칙과 혼동을 줄 수 있다는 점 때문에 객관적이고 보편적인 의미가 내포되어 있다고 볼 수 있는 '보도기준'으로 정하게 되었다.

한편 포괄안보 개념으로 확장된 오늘날 국가안보에는 여러 가지 분야의 위기가 발생할 수 있으므로, 지나치게 일반적이고 광범위하게 규정할 경우에 발생할 수 있는 혼란을 방지하기 위해 '군'에 관한 취재와 보도로 그 범위를 구체화하였다.

이 '국가안보 위기 시 군 취재 · 보도기준'은 총 4장 17개 조항과 7개의 실천 수칙으로 구성되어 있다.(보도기준 전문은 붙임 참조) 제1장 총칙, 제2장 군의 취재보도 지원 및 정보공개, 제3장 언론의 취재보도 준수사항, 제4장 전 · 사상자 보도 및 행정사항, 그리고 실천수칙 7개 조항이다.

'국가안보 위기 시 군 취재 · 보도기준'(이하 '군 취재보도 준칙'으로 사용)이 제정되기까지는 약 2년이 걸렸다. 주요 과정은 크게 5단계로 구분해 볼 수 있다.

제1단계 : 보도준칙 제정의 필요성 인식

보도준칙 제정의 직접적인 계기가 된 것은 '천안함 피격사건'(2010.3.26)과 '연평도 포격전'(2010.11.23.)이다. 이 두 사건 때 군과 언론은 취재 · 보도와 관련하여 많은 문제점이 나타났다. 즉 언론은 알권리 실현 차원에서 보다 많은 정보의 제공 요구와 속보경쟁으로, 군은 기밀보호와 보안유지 우선으로 인해 갈등과 마찰이 발생하였다.

남북관계에서 국가안보와 관련된 유례가 드문 중대한 사건이 같은 해에 연이어 발생되고, 이에 대한 취재 및 보도에서의 갈등이 반복됨에 따라 군과 언론계는 공히 '군사 상황에 관한 취재 및 보도준칙'(guide line)의 제정 필요성에 대해 절실히 인식하게 되었다. 즉 군과 언론은 분별없는 보도와 작전보안 노출은 국가안보를 저해하고, 군과 언론에 대한 국민(공중)의 신뢰도 하락과 이미지 손상에 대한 대책이 필요하다는 공감대가 형성되어 있었다.

이러한 필요성과 공감대에 대한 공통된 인식하에 국방부가 전반적인 책임을 맡아 추진하였다. 군의 입장에서는 '천안함 피격사건'이나 '연평도 포격전' 같은 군사적 차원의 국가안보 위기사태 시 군의 특수성이 반영된 가운데 국민의 궁금증을 해소할 수 있는 객관적이고 분별 있는 언론 보도가 필요함을 절실히 인식했기 때문이다.

즉 군과 언론 간에는 발생된 위기 사태에 대한 정확한 정보와 취재 지원을 위한 상호간의 합의된 규칙이 없음으로 인해, 언론은 정보획득과 취재가 곤란하였고, 군은 언론에 대한 취재지원과 정보제공의 수준과 방법 면에서 혼선이 발생하였다.

또한 사태 현장에 취재기자들을 비롯한 민간인들의 무단출입은 군의 작전수행에도 지장을 주게 되었다. 심지어 좁은 지역에 수많은 기자들로 인해 현장에서의 취재 경쟁은 언론 스스로도 지나치다고 느낄 정도였다. 군 또한 언론에 대한 현장 공개 등의 원활한 취재지원을 위해서도 적정 수준의 통제와 안내가 필요함을 인식하였다.

이러한 인식과 성찰을 바탕으로 하여 2010년 12월 20일에 '전시 · 비상 상황에서의 취재 보도 토론회'가 한국언론진흥재단 주관으로 개최되었다. 토론회는 군 관계자, 군사전문기자, 언론인, 언론학 교수 등이 참석하여 위기 사태 시 군과 언론 간의 '보도준칙' 제정의 필요성에 대하여 처음으로 대내외에 공론화하는 계기가 되었다.

제2단계 : 기초 연구 및 공감대 조성

국방부는 2011년도 대변인실 핵심 추진 과제의 하나로 '군 취재보도 준칙'의 제정을 선정하고, 한국국방연구원(KIDA)에 정책연구과제를 부여하여 연구를 시작하였다.(2011.2.1.~2011.6.30.) 그리고 KIDA 연구안을 기초로 국방부 출입기자 및 군 공보관계관들의 합동 워크숍과 육 · 해 · 공군 · 해병대 공보관계관들의 별도 의견수렴 등을 통해 쟁점과 문제점을 논의하고, 보도준칙 제정의 필요성에 대해 대내외에 공감대를 조성하였다.(2011.7월)

국방부의 이러한 정책 추진에 대해 국무총리실을 중심으로 문화체육관광부 등 주요 관계관으로 구성된 '관계기관 정책추진 간담회'를 3차례 개최하여 차후에 정부 차원의 유사상황 발생 시 적용할 수 있도록 하기 위해 국방부의 보도준칙 제정을 지원하였다.(2011.3월~2011.7월)

국방부는 보도준칙 제정 자문단(총 8명: 학계 1명, 언론계 4명, 군 3명, 언론진흥재단 1명)을 구성하여 정기 및 수시 회의를 개최하고, 그 결과를 토대로 한국언론진흥재단 주관으로 보도준칙 제정을 위한 제2차 토론회를 한국프레스센타에서 개최(2011.9.6.) 하는 등 공론화 과정을 거쳤다. 이는 보도준칙 제정을 위한 대내외적인 관심의 촉구이자 차츰 잊혀져가는 국가안보 위기 보도에 대한 경각심을 이어가기 위한 노력이었다.

이후 2011.12월까지 국방부는 자문단 회의, 국방부 출입기자 대상 간담회 및 워크숍, 언론사 편집국장 · 보도국장 초청 간담회 등을 개최하며, 보도준칙 제정의 필요성에 대해 꾸준히 협조와 동참을 구하고 언론사별 의견을 수렴하는 등 전반적인 로드맵을 구체화하고 작성해 나갔다.

제3단계 : 여건 조성 및 추진 방법 협조

2012년 들어 국방부는 보도준칙 제정을 위해 한국기자협회와 한국신문방송편집인협회를 방문하여 필요성과 취지 및 경과에 대해 설명하고 동참과 협조를 요청하였다. 그 외에 언론계를 비롯한 여러 전문가들의 의견을 수렴하여 마침내 한국기자협회와 함께 추진하였다. 한국기자협회는 당시 2012년 1월 기준으로 170여 개 언론매체 8,000여 명의 회원으로 구성되어 있어 여러 언론매체 기자들의 대표성을 지니고 있음으로 가장 적합하다고 판단되었다.

이에 한국기자협회는 보도준칙 제정의 필요성과 추진 여부에 대해 회원들의 의견을 자체적으로 수렴하였으며, 그 결과 국방부 취지에 공감하게 되어 보도준칙 추진을 위한 구체적인 계획과 방법을 논의하기 시작하였다.

제4단계 : 준칙제정위원회 구성 및 협력

보도준칙 제정의 본격적인 추진을 위하여 국방부와 한국기자협회가 각각 3명씩 추천한 위원들을 중심으로 '준칙제정위원회'를 구성하였다. 준칙제정에 참가한 위원은 기자협회에서 추천한 국방부 출입기자 대표 3명과, 국방부에서 추천한 예비역, 국방연구원 전문연구위원, 국방부 대변인실 공보과장, 기자협회 대표 1명 등 총 7명으로 구성되었다.

준칙제정위원회는 약 5개월(2012.4.1.~2012.8.31.)동안 군과 언론이 지닌 각자의 특성과 요망사항에 대해 의견을 제시하고 논의를 거듭하면서 보도준칙의 세부 문구(wording)를 검토하고 조율하였다. 이렇게 국방부와 한국기자협회 공동 준칙제정위원회에서 완성한 세부 문구에 대해 공개적으로 검증받고 공식적인 절차를 받는 차원에서 한국언론진흥재단 주관 하에 학계, 언론계, 군 관계관 등이 참석한 가운데 한국프레스센타에서 제3차 공개 토론회를 개최(2012.8.29.)하여 최종 의견수렴과 조율 과정을 거치게 되었다.

제5단계 : 보도준칙 제정 완료 및 공표

보도준칙 제정 발의 이후 약 2년여의 기간에 걸친 의견수렴과 토론회, 간담회 등을 거쳐 '국가안보 위기 시 군 취재·보도기준'은 2012년 9월 24일에 국방부, 합참, 육·해·공군·해병대의 공보관계관과 국방부 출입기자 등 언론계 인사들이 참석한 가운데 한국프레스센타에서 국방부장관과 한국기자협회장의 서명식을 통해 제정 공표되었다. 서명식에서 국방부와 한국기자협회 양측은 "국가안보 위기 시 군의 효율적인 취재지원과 언론의 정확한 보도를 통해 국민의 알 권리를 보장하고, 군의 작전보안도 준수하기 위해 취재 보도 기준을 제정"하였음을 밝혔다. 특히 "2010년에 발생한 '천안함 피격사건'과 '연평도 포격전'이 보도준칙 제정의 직접적인 계기가 되었으며, 앞으로 '군과 언론관계 발전'을 위한 새로운 이정표가 될 것"이라는데 의미가 있다는 점도 같이 공감하였다.

군 취재보도 준칙 제정 의의

위기관리 커뮤니케이션 관점에서 본다면 '군 취재보도 준칙'의 제정은 근본적으로 군과 언론이 군사적 위기 상황 발생 시의 취재보도와 관련하여 서로 협력해야 한다는 공감대가 형성되어 있었기에 가능하였다. 이러한 협력을 통한 문제해결은 앞에서 살펴본 Thomas의 갈등해소를 위한 접근 방법 중에서 가장 바람직하고 상호이익 지향적인 방법이라 할 수 있다. 즉 군사적 위기 사태 시 취재와 보도에 있어서 군과 언론은 각각 군의 대국민 신뢰의 위기 및 언론의 객관성과 공공성에 대한 위기관리 대책의 하나이기도 하다.

'군 취재보도 준칙' 제정의 목적은 크게 두 가지이다. 첫째, 군사적 위기사태 발생 시 언론의 취재 및 보도를 사실에 입각하여 객관적으로 정확히 할 수 있도록 군이 브리핑과 취재

지원을 원활히 보장해 줌으로써 국민의 알권리 충족에 어긋나지 않도록 하자는 것이다. 둘째, 언론 보도에 있어서 국민의 알 권리를 넘어서 상황의 본질과는 거리가 먼 작전보안이나 군사보안 사항에 대한 보도는 바람직하지 않으므로 법과 규정을 준수하자는 것이다.

보도준칙 서문에는 이러한 목적과 취지가 잘 명시되어 있다. 즉 '보도'와 관련해서는 "군은 국민의 알권리 충족을 위해 신속하고 충분한 정보를 제공하고, 언론은 국가안보와 작전에 임하는 장병들의 안전을 고려하여 신중하게 보도해야 한다."고 명시하였다.

'취재'와 관련해서는 "각 언론사는 군 작전지역 등 위험지역 취재 시 군 당국과 사전에 협의하고, 군은 취재진의 안전한 취재활동 보장을 위해 최선을 다해야 한다."라고 명시함으로써 그 취지를 분명히 하고 있다.

제1장 총칙에서는 보도준칙 제정의 목적과 적용범위, 그리고 국가안보 위기에 대한 용어를 정의하였다. 목적에서 "북한의 군사 도발과 외부 세력 침입 등에 의해 군 비상상황이 발생하였을 경우 군의 작전을 보장하면서 정확하고 신속한 취재 보도에 대한 기본적인 방향과 실천요강을 제공하는 데 있다."라고 명시함으로써 군과 언론이 공히 책임감을 가지고 실천할 것을 강조하고 있다.

보도준칙의 적용 범위는 "군은 물론 한국기자협회 소속 회원사와 회원, 작전 지역 취재에 참여하는 모든 매체"로 명시하고 있다. 따라서 군은 최고 정책부서인 국방부 · 합참을 비롯하여 예하의 육군, 해군, 공군, 해병대 등 모든 작전부대에까지 공통적이고 포괄적으로 적용된다.

언론에 대한 적용 범위는 "한국기자협회 소속 회원사와 회원, 작전 지역 취재에 참여하는 모든 매체"라고 명시함으로써 가급적 국내의 모든 언론매체에 적용 가능하도록 하였으나 경우에 따라서는 일부 제외될 소지도 있다. 즉 한국기자협회에 소속된 언론 매체와 기자에게는 적용이 되지만 기자협회에 속하지 아니하는 언론 매체에는 직접적으로 적용되기 어려울 수도 있다는 점이다. 물론 한국기자협회에 소속되지 아니한 언론매체에 적용하기 위해서 "작전지역 취재에 참여하는 모든 매체"라고 명시함으로써 비록 한국기자협회에 소속되지 아니하였더라도 사실상의 모든 언론매체를 대상으로 하고 있다.

차후 개정 시에는 보도준칙의 적용 대상 범위와 관련하여 기존의 군 취재보도 준칙 제정에 참여한 한국기자협회뿐만 아니라 한국신문방송편집인협회, 한국방송기자협회, 한국신문기자협회, 한국인터넷언론기자협회 등 모든 언론 단체가 참여토록 하여 발전시켜 나갈 필요가 있다.

외국 언론에 대해서는 한국기자협회의 영역을 벗어나는 것이기에 국내 언론에 상응하는 수준으로 "한국기자협회가 외신기자협회에 이 준칙을 준수하도록 협조를 구하는" 것으로 명시하였는데 현실적으로 시행할 수 있는 수준이긴 하나, 이 조항도 한국에 등록된 모든 외국 언론의 협조를 구할 수 있도록 보다 구체적인 협의와 명시가 필요하다. 그렇게 하지 않으면 국내 언론이 상대적으로 취재와 보도에서 제한을 받을 소지가 있다.

제2장은 군이 언론을 대상으로 조치해야 할 사항들에 대해서 명시함으로써 언론에 대한 통제와 제한을 가하고자 하는 것이 아니라는 것을 나타내주고 있다. 제3장은 언론이 군의 방침에 협조해 주어야 할 사항에 대하여 명시함으로써 무분별한 취재와 보도는 하지 않도록 할 것을 명시하고 있다. 제4장은 전사자나 부상자에 대한 보도 시 언론이 지켜야 할 사항에 대해 명시하여 당사자나 유가족의 명예와 인격을 존중하도록 하고 있다.

이러한 조항들은 군과 언론 각각이 기존의 입장과 시각에서 없었던 새로운 것이 아니고 지극히 일반적이고 원칙론적인 입장에서 명시한 수준이다. 따라서 실제적인 사항에 대해서는 좀 더 구체적이고 개별적인 조항을 추가적으로 명시해서 적용할 필요가 있다.

마지막으로 '실천수칙' 7가지 조항은 이미 앞의 각 조항에서 명시된 사항을 다시 요약 강조하기 위한 것, 행동으로 구체화하기 위한 것을 명시한 것이다. 실천수칙에서 주목할 부분은 제4항의 "현장 작전 부대가 요청하는 취재기본규칙(ground rules)을 준수한다."는 조항이다. 즉 '현장 작전부대가 제시하는 취재 기본규칙'은 상황에 따라 또는 부대의 특징과 환경, 여건, 지휘관의 특성에 따라 다를 것이기에 이것을 얼마나 현실적이고 타당성 있게 규정할 것인가 하는 문제가 있을 수 있다.

또한 실천수칙 제6항의 "공동취재단은 국방부 출입등록매체를 중심으로 한다."는 조항이 국방부에 출입 등록을 하지 않은 지역매체나 여타의 특수 언론매체들의 불평 요소가 될 소지가 있다. 따라서 이러한 점을 어떻게 해소해 나갈지에 대해서는 앞으로 잘 보완해야 한다.

'군 취재보도 준칙'은 2010년 '천안함 · 연평도 사건' 이후 약 2년여 만에 군과 언론이 협력하여 제정한 최초의 보도준칙이라는 점에서 의미가 크다. 군과 언론 간의 원활한 소통과 위기관리 커뮤니케이션을 위해서는 중요한 시금석이자 토대가 될 수 있다.

이 보도준칙이 있기 전까지는 적용할 근거가 없어 언론은 과도한 취재 및 보도 경쟁을 해야 했고, 군은 군사기밀이나 작전보안 사항이 노출되어 작전에 지장을 받게 되는 등 군의 보안과 언론의 보도 사이에서 생기는 갈등과 마찰이 반복되었다.

보도준칙의 제정으로 언론 입장에서는 군사적 위기 상황과 관련된 정보획득과 취재가 수월해짐으로 인해 국민의 알 권리 충족을 위한 언론 본연의 역할에 충실해질 수 있게 되고, 군은 정보제공과 군사보안 유지 및 취재지원 면에서 혼선을 최소화할 수 있게 되었다.

보도준칙이 제정되어 있다고 해서 당국이나 언론이 그대로 준수할 것이냐 하는 것은 또 다른 문제이다. 따라서 이를 토대로 군과 언론 양측이 상황과 여건을 고려하여 보도준칙을 재평가하고 관계 당사자들의 의견을 수렴하여 발전을 위한 노력을 기울여 나가야 한다. 어떤 사항이 추가 보완되어야 하는지, 이해관계 당사자들은 어떻게 평가하고 있는지, 구체화해야 할 부분은 무엇인지, 언론환경의 변화와 군의 안보 상황의 변화에 따라 수정 보완해 나가야 할 부분은 무엇인지에 대한 지속적인 연구가 필요하다.

part 3.

언론에 대한 상식과 이해

매스 미디어와
매스 커뮤니케이션

매스 미디어

미디어(media)는 영어 medium의 복수형이다. 사전적인 의미는 어떤 사실이나 정보를 담아서 수용자들에게 보내는 역할을 하는 매개체 또는 매체를 말하는 것으로, 대표적인 예로 신문, 잡지, 서적, 라디오, 텔레비전, 인터넷 등을 들 수 있다.

매개체나 매체를 넓은 의미에서 풀이하면 무엇을 한쪽에서 다른 쪽으로 전달하거나 퍼뜨리는 역할을 하는 것, 둘 사이에서 어떤 일을 맺어주는 것, 어떤 소식이나 사실을 널리 전달하는 물체나 수단, 또는 어떤 작용을 한쪽에서 다른 쪽으로 전달하는 물체 또는 수단, 통로, 도구 등을 지칭하는 것으로 매우 광범위하게 사용되고 있다.

이러한 매개체인 미디어를 사람과 사람 사이의 커뮤니케이션 수단이나 도구라는 영역과 범주로 국한해서 보면 '언론'으로 통칭할 수 있다. 그리고 우리가 언론이라고 하면 대개의 경우 신문, 방송, 영화, 잡지 등 방송매체와 인쇄매체를 모두 포괄하여 여러 사람(대중)을 대상으로 한 대중매체 즉 매스미디어(mass media)를 의미한다고 할 수 있다.

일반적으로 언론은 매스미디어를 지칭하는 것으로 인식된다. 그러나 오늘날 인터넷을 비롯한 ICT 기술과 SNS(social network service)의 발달로 개인 대 개인, 개인 대 다중을 대상으로 하는 1인 미디어가 보편화됨에 따라 미디어의 개념과 범주는 크게 매스 미디어(mass media)와 개인 미디어(personal media)로 구별되고 있다.

매스 미디어든 개인 미디어든 간에 미디어는 텍스트, 이미지, 영상, 오디오 등으로 사람들에게 메시지를 전달하고 커뮤니케이션을 가능하게 해 주는 일종의 세상을 보는 창이자, 사람과 사람이 만나는 만남의 장, 세상과 세상을 연결하는 다리인 셈이다. 특히 사람이 사회적 동물임을 확인시켜 주는 대표적인 도구라고 할 수 있다. 이와 같이 미디어는 나–너–우리–지구촌을 연결하는 커뮤니케이션 도구이자 수단이다.

이러한 미디어의 도구와 수단은 주로 언어나 문자와 같은 상징적 도구와 사람이 보고 듣고 말하는 눈, 귀, 입이나, 스마트폰 · TV · 라디오 · 신문 · 잡지 · 영화 등의 기기나 기계를 뜻하는 기술적 도구로 나누어 볼 수 있다. 예를 들어 사람과 사람이 말로 주고받는 대화는 그것이 영어나 한국어라는 언어인 상징적 도구를 통해서, 기술적 도구인 말하는 사람의 입에서 나와 공기를 통해서 전달되어 듣는 사람의 귀로 들어가는 과정을 거친다. 즉, 언어나 문자와 같은 상징적 도구와 이것을 보고 듣고 말하는 기술적 도구가 조화되어 이루어지는 것이다.

올림픽의 꽃이라고 하는 마라톤 경기의 유래인 마라톤 전투(BC 492년 아테네 군사 1만 명이 페르시아 군사 20만 명과의 전투에서 아테네가 승리한 전투)에서 미디어의 상징적 도구와 기술적 도구를 찾아볼 수 있다. 아테네가 전투에서 승리하자 필리피데스가 40여km를 달려가 승리했다는 소식을 전하고 죽었다는 전설적인 사실에서 구두(口頭)로 승전보를 전하는 것은 상징적 도구요 죽을 힘을 다해 뛰어간 것은 기술적 도구인 셈이다.

우리나라의 예로는 삼국시대나 고려시대에 사용되었다고 하는 것으로 이민족이나 적이 침입해왔음을 알리는 제도인 봉화(또는 봉수)를 들 수 있다. 즉 봉화는 기술적 도구인 불꽃과 연기를 통해 적의 침입이라는 상징을 나타내는 것이다.

미디어의 분류 방식에는 여러 가지 유형이 있다. 작용 대상에 따라 개인 미디어와 매스 미디어, 작용 방식에 따라 소셜 미디어(유튜브, 블로그, SNS 페이스 북, 트위터)와 퍼블릭 미디어, 매개 수단에 따라 인쇄미디어 · 전파(방송통신) 미디어 · 전자 미디어로 구분된다. 또 기술 발달 정도에 따라 뉴미디어와 올드미디어, 수용 능력과 범위에 따라 멀티 미디어와 단일 미디어, 신호 방식에 따라 디지털 미디어와 아날로그 미디어로 구분할 수 있다.

그럼 미디어는 언제부터 있었던 것일까? 기록에 의하면 미디어는 인류와 함께 존재해 왔으며, 인류의 역사를 만들고, 기록하고, 소통해 왔다고 한다. 구석기 시대의 알타미라 동굴벽화나 라스코 동굴 벽화 등이 예다.

기기와 문명의 발달과 더불어 미디어의 기술적 도구와 수단이 발달하고, 또한 말(언어), 그림, 문자, 영상 등 미디어의 상징적 도구가 같이 발달하고 있음에 따라 미디어 수단의 발달은 곧 인류 문명의 발달 과정에 비유될 수 있다. 즉 미디어 발달은 문명 발달과 비례하여 인류의 생활방식의 변화를 가져오고, 인간의 사고방식의 변화를 가져오고, 사회구조 및 산업 전반의 변화로 이어져 왔다. 따라서 이것을 거꾸로 해석해보면 사회를 변화시키고 세상을 변화시키려면 사람들의 사고방식과 생활방식을 바꿔줘야 하고, 사람들의 사고방식과 생활방식을 바꾸게 하려면 미디어의 수단과 방법을 변화시키면 되는 것이다.

미디어의 역할과 기능

미디어의 가장 큰 역할과 기능은 무엇보다도 소식과 정보를 전하고 알리는 정보 제공이다. 즉 국민의 알권리를 충족하기 위한 것이 최우선적인 역할과 기능이다. 다음으로는 이러한 정보를 대중들에게 전달하고 제공함으로써 그에 대한 견해와 의견을 주고받을 수 있도록 이른바 공론장(public sphere)을 만들어 여론 형성 기능을 하고 있다.

또한 비판과 감시 기능을 함으로써 watch dog(감시견)라고 부르기도 한다. 즉 정부나 지자체를 비롯한 각종 제도적 권력에 대한 감시와 경계는 물론 정치, 경제, 사회, 문화 전반에 있어서 견제자 역할을 하고 있다. 이러한 측면에서 언론을 입법부, 사법부, 행정부에 이어 '권력의 제4부'라고 칭하기도 하는데, 그만큼 커다란 공적 권력을 지니고 있다는 의미가 내포되어 있다.

그 외에도 대중이나 미디어 소비자 개개인에게는 스포츠, 연예, 문학, 문화정보 등 즐거움이나 휴식 같은 것을 제공하는 오락과 광고 기능을 하고 있어 많은 사람들이 점점 다양한 수단의 미디어를 이용하게 하는 이유가 되고 있다.

미디어를 미디어 소비자 개인보다는 사회전체에 미치는 영향에 초점을 두고 보면 개별 민족이나 국가 또는 특정의 공동체 구성원들에게 그 조직이나 사회의 전통이나 규범, 지켜야 할 공통의 도덕률 등을 전수하는 사회화 기능을 가지고 있음을 알 수 있다. 이러한 공적 기능을 수행하는 면에서 미디어는 '사회의 公器', 즉 사회 전반을 아우르는 공공의 그릇 같은 것으로 인식되고 있다.

미디어가 지닌 역할과 기능은 이러한 순기능만 있는 게 아니고 경우에 따라 개인이나 사회, 권력기관 전반에서 초래되는 역기능도 가지고 있다. 대표적인 역기능으로는 미디어의 지나친 상업주의화와 특정 정치권력의 개입으로 인한 프로그램의 편향성 내지는 여론 오도를 위한 사회나 대중들에 대한 통제 또는 통치 수단으로 작용될 우려가 있다는 점이다.

또한 미디어의 지나친 시청률 경쟁과 상업주의화로 인해

특정 컨텐츠나 프로그램이 소비자들에게 먹혀들면 많은 매체들이 유사한 컨텐츠나 프로그램을 제작 편성하는 획일화로 인해 문화적 다양성을 저해하는 문제도 있다. 쉬운 예로 TV방송의 경우 한때 트로트 경연 프로그램, 골프 연예 프로그램이 우후죽순같이 나타나고 있는 것을 들 수 있다.

한편으로는 '옐로우 저널리즘(yellow jourlism)' 이라고 불리는 불건전, 유해 프로그램으로 인한 현실오도 또는 현실왜곡 가능성 문제도 있다. 그 외에 과학기술의 발달에 따라 개인의 미디어 이용 및 소비 시간이 증대됨에 따라 여유 시간에 습관적으로 미디어를 소비하는 이른바 미디어에 대한 습관적 중독성 문제도 있다.

매스 커뮤니케이션

매스컴은 매스 커뮤니케이션(mass communication)의 줄임말이다. 사람들은 통상 신문방송 등의 대중매체 즉 매스 미디어(mass media)를 지칭하면서 매스컴이라고 부르는 경우가 많은데, 구분하자면 매스 미디어를 통해 커뮤니케이션하는 것이 매스컴이다. 즉 매스컴(매스 커뮤니케이션)은 일반 대중을 대상으로 대량의 정보를 동시에 전달하는 커뮤니케이션 방식이기에 신문방송 같은 매스 미디어가 주요 수단으로 이용되고 있다. 따라서 신문방송 등의 대중매체를 지칭할 때는 매스 미디어로, 이러한 매스 미디어를 통해 커뮤니케이션하는 것은 매스컴이라고 하는 것이 의미상으로 맞는 것이라 할 수 있다.

매스 커뮤니케이션과 상반되는 개념은 개인 또는 소수 인원들 간에 이루어지는 커뮤니케이션인 개인 커뮤니케이션(personal communication)이다. 주로 개인과 개인 간의 대화나 통신 등을 말한다. 그리고 최근에는 ICT 기술과 미디어 산업의 발달에 따라 카페, 블로그, 페이스북, 유튜브, 밴드, 카카오톡과 같은 소셜 미디어를 통한 커뮤니케이션인 소셜 커뮤니케이션(social communication)이 매우 활성화되어 있다. 말이나 문자보다는 이모티콘과 아바타로 개인의 감정을 표현하고 커뮤니케이션하는 것이 자연스러운 일상이 되었다.

미디어 관련 상식과 이론

뉴스의 어원

뉴스의 어원에 대해서는 여러 가지 설이 있다. 영어로 news는 north + east + west + south의 머리글자를 따와서 이루어졌다고도 한다. 그럴듯하다. 즉 동서남북 곳곳에서 일어난 새로운 것들을 모아서 알린다는 것이다. 그러나 뉴스의 어원은 14세기 프랑스어 Nouvelles(영어로는 'new things' 즉 새로운 것들이라는 뜻)에서 나왔다고 한다.

진짜 뉴스와 가짜 뉴스, fact & fake

뉴스에도 진짜 뉴스(fact)와 가짜 뉴스(fake)가 있다. 가짜 뉴스(fake news)는 허위 사실을 고의적 또는 의도적으로 유포하기 위해 뉴스기사 형식으로 작성한 것을 말한다. 가짜 뉴스는 당연히 믿으면 안 된다. 그런데 가짜 뉴스도 진짜 뉴스로 인식할 만큼 교묘하게 편집해서 그럴듯하게 나오므로 일반 독자들은 판별하기가 쉽지 않다.

진짜 뉴스와 가짜 뉴스는 조금만 관심을 가지면 구분해낼 수는 있다. 문제는 가짜 뉴스를 만드는 사람이나 이를 배포 또는 전파하는 사람, 구독하는 사람 모두가 어떤 특정한 의도나 목적을 가지고 있는 경우가 많다. 또 무심코 이러한 가짜 뉴스에 현혹되거나 동조하는 사람들, 또는 가짜뉴스라도 그게 진짜라고 믿고 싶은 사람들도 많이 있다. 이들은 대게 자기가 선호하는 것만을 보고 듣고자 하는 확증편향성(confirmation bias)을 가진 사람들인 경우가 많다.

가짜 뉴스가 지속적으로 생산(제작), 유포, 전달되고 있어 여러 가지 사회문제를 낳고 있다. 요즘은 언론사나 인터넷 포털별로 'fact check'라고 하는 코너를 만들어 독자들이 진짜 뉴스와 가짜 뉴스를 구분할 수 있도록 하고 있어 다행이다.

그럼 오보 또는 왜곡보도도 가짜 뉴스인가? 가짜 뉴스는 기본적으로 특정한 의도와 목적을 가지고 만들어진다.

반면에 오보나 왜곡보도는 비의도적이긴 한데 결과적으로 정확하지 않다는 점에서 차이가 있다. 또한 가짜 뉴스가 아닌 진짜 뉴스일지라도 그 보도가 전반적으로는 맞는데 부분적으로는 맞지 않을 경우가 있다. 이럴 때는 그 보도와 관계된 당사자가 아니면 어디까지가 맞고 어디까지가 틀리는지를 독자들은 구분해내기가 쉽지 않다.

표현 방법이나 사용하는 용어에 따라서도 진짜와 가짜를 구분하기 어렵게 만들 때도 있어 이에 대한 판단과 해석은 오로지 독자들의 몫이 되고 있는 경우가 많다. 예를 들면 어떤 보도를 마무리 하면서 자의적으로 '크게 논란이 되고 있다' 거나 '큰 문제점으로 대두되고 있다'는 식으로 표현하는 등 기자 개인이나 언론사의 주관적인 견해를 넣어 독자들을 오도하는 경우가 있기 때문이다.

따라서 뉴스 보도라고 해서 다 믿어서는 안 된다. 특히 공신력과 객관성, 인지도가 낮은 언론사의 보도에 대해서는 각별히 주의가 필요하다. 군 관련 보도에도 이러한 사례가 많이 있다. 군의 특정 이슈와 관련하여 모 언론이 보도를 하였는데 그것이 부분적으로는 맞는데 총론적으로는 사실과 다르고 맞지 않는 대목이 여러 군데인 경우 이를 보도한 기자나 군의 책임자나 입장이 난처하긴 마찬가지이다.

기사를 쓴 기자는 해당 기사를 수정해야 하는데 언론의 생리상 이미 보도된 기사를 수정하는 것은 절차와 과정이 쉽지 않다. 기사를 작성한 기자는 데스크와 부장에게 수정해야 할 대목의 사실 관계나 문맥을 보고하여 승인을 받아야 하는데 결과적으로 본인의 취재가 부정확하거나 부족하였음을 자처하는 꼴이 되기에 이에 대한 질책을 받거나 심지어 오보의 정도에 따라서는 문책을 받게 되기 때문이다.

군의 언론 책임자로서는 어떤 언론 매체가 군의 특정 사안과 관련하여 국민들을 오도하게 되거나 군의 신뢰를 떨어뜨리는 보도를 할 경우 그냥 모른 체하고 지나갈 수는 없다. 따라서 가장 무난하고 보편적인 방법으로 서로가 양해할 수 있는 수준에서 추가보도 또는 용어 수정의 형식으로 절충하는 것이 대다수이지만 그것으로 해결이 안 될 경우에는 결국 언론중재위원회에 정정보도를 제소하여 다투는 수밖에 없다. 언론중재위에도 여러 번 가 봤으나 중재라는 게 말 그대로 양측 주장을 적당한 수준에서 중재하는 것이기에 충분한 해결책을 기대하기는 어려운 것이 현실이다.

이와 같이 뉴스보도는 팩트를 다루는 것이긴 한데 경우에 따라서는 본의 아니게 페이크로 평가될 수도 있고, 의도적인 페이크도 있으므로 뉴스보도에 대한 분별력이 갈수록 필요해지고 있다. 오보나 왜곡보도 · 가짜뉴스에 대한 가장 큰 감시자(watch dog)는 독자 · 시청자이다. 이럴 때 댓글을 통해 잘못된 팩트를 지적해 줄 때 기자와 언론, 독자의 수준이 모두 높아지게 된다. 그러나 근거 없는 비난과 야유나 정치색이 덧씌워진 댓글은 좋지 않다. 양식 있고 깨어있는 독자들의 좋은 댓글이 가짜 뉴스를 추방할 수 있다.

좋은 뉴스와 나쁜 뉴스

판단 기준은?

뉴스 중에는 좋은 뉴스도 있고 나쁜 뉴스도 있다. 여기서 좋은 뉴스와 나쁜 뉴스라는 것은 듣기 좋은 뉴스나 미담 뉴스 또는 얼굴을 찌푸리게 하는 사건사고 뉴스라는 의미가 아니다. 조직이나 사회의 발전 또는 제도 개선에 도움이 되는 뉴스인가 아닌가 하는 데에 초점을 둔 구분이다.

좋은 뉴스와 나쁜 뉴스는 어떻게 판단하는가? 그 기준은 뉴스를 접하는 독자, 그 뉴스와 관련이 있는 이해관계자, 그리고 뉴스를 만들어 내는 언론사 입장이 각각 다르기에 판단하기가 쉽지 않다. 예를 들어 독자 입장에서는 어떤 개인이나 조직 또는 단체의 비리나 문제점을 제기하는 보도를 보거나 듣게 될 경우, 울분을 느끼거나 기분이 상할 때도 있지만 그로 인해 잘못된 것을 바로잡고 사회 전반에 경각심을 줄 수 있는 계기가 된다는 점에서는 좋은 뉴스라고 생각할 수 있다.

반면에 그 뉴스의 당사자 입장에서는 개인이나 조직의 신원이 드러나게 되고 명예와 신뢰가 떨어지게 되므로 나쁜 뉴스라고 생각할 것이다. 한편 이를 보도한 언론 입장에서는 그 보도로 인해 기사에 대한 구독자 또는 시청자, 페이지뷰가 늘어나게 되면 해당 언론사나 보도한 기자 개인의 인지도가 높아지게 되는 효과가 있으므로 좋은 뉴스로 볼 수 있다.

어떤 뉴스 보도가 가짜 뉴스가 아닌 진짜 뉴스 즉 fact일 경우 건전한 상식과 도덕성을 지닌 대다수의 독자나 이해관계자들은 개인이나 조직 등 사회 전반의 문제점을 제기하는 보도에 대해 좋은 뉴스로 공감하고 언론의 역할과 기능, 존재의 필요성에 대해 높은 점수를 주게 된다. 물론 그 뉴스의 당사자(개인이나 조직 모두) 입장에서는 매우 곤혹스럽고 회복하기 어려운 타격을 받을 수도 있겠지만 사회 전체로 볼 때 궁극적으로는 좋은 뉴스라 할 수 있다.

즉 지금 당장은 나와 우리 조직의 문제점을 파헤치고 비판하는 보도를 함으로써 물질적으로 심리적으로 제도적으로 손해가 발생하게 되더라도 장기적으로는 문제점이 개선되는 등 기업 경영이나 정부 및 공적 기관의 정책추진과 경영 효율화 및 생산성 제고에 도움이 될 수 있다면 좋은 뉴스인 것이다. 군과 언론 관계에서는 주로 장기간의 무기체계 개발이나 전투기 등 고가의 무기도입 등을 둘러싸고 종종 볼 수 있는 사례이다.

FX 1차 사업과 비판 기사

2002년 4월에 있었던 FX 1차 사업(차세대 공군 전투기 도입 사업) 때 일이다. 우리 공군의 낡은 전투기를 새것으로 교체하기 위한 사업(40대 수입)으로서 최종 선정된 기종은 미 보잉사의 F-15이다. 당시 경쟁 기종은 유로파이터 타이푼, 프랑스 다소사의 라팔과 함께 미국 보잉사의 F-15가 3파전을 벌였다.

당시에 국방부는 한미 공군 간의 작전수행의 상호 운용성이나 무기 호환성 측면에서 F-15를 선호하는 경향이 있었으나 F-15의 가격이 라팔보다 최초 제안 가격에서는 1대당 5억 달러 정도가 높았고, 가계약 때는 2억 달러 정도 높았다. 이에 대해 F-15가 우선 협상 대상자로 선정되고 최종 결정되기까지 국방부 출입 모 언론은 한 달이 넘도록 지속적으로 F-15의 최신 기술 적용 문제나 지나친 미국 무기체계 의존도 등에 대해 비판적인 보도를 하였다.

거기에다가 당시 반미 감정이 여기저기 일고 있던 분위기와 맞물려서 미측과 보잉사는 곤혹스러웠다. 마침내 보잉사는 최종 협상을 통해 F-15의 가격을 최초보다 5억 달러 정도 인하함은 물론, 부품지원과 수리 · 유지, 기술이전 등 여러 분야에서 최초에 제시한 것보다 훨씬 많은 부분에서 양보하게 되었다. 궁극적으로는 우리 국방비가 그만큼 절약될 수 있었다.

나쁜 뉴스는 어떤 뉴스인가? 가짜 뉴스, 지면 채우기 또는 시간 떼우기용 뉴스, 의도적으로 왜곡 편집한 뉴스, 특정 개인이나 조직을 폄하하기 위한(또는 광고, 홍보하기 위해) 의도가 있는 기획성의 보도, 광고 수주 댓가를 염두에 두고 갑질을 하려는 뉴스 등은 나쁜 뉴스이다.

이외에도 다양한 형태의 나쁜 뉴스가 있다. 일일이 예를 들 수는 없지만 해당 사안별로 이해관계자 당사자의 시각에서 보면 한마디로 속이 빤히 보이는 보도 행태들이 있다. 이른바 언론사의 갑질로 인해 당하는 사람 입장에서는 억울하고 분통이 터질 뉴스 이런 것은 참으로 나쁜 뉴스라고 할 수 있다. 나쁜 뉴스라도 일단 보도가 되면 독자들은 그게 맞는 뉴스인 걸로 착각하고 그대로 인식하게 된다. 나쁜 뉴스로 인한 폐단이나 폐해가 심각한 사회문제로 대두된 적도 있다. 나쁜 뉴스를 없애기 위해서는 깨어있는 독자가 감시자가 되어야 한다. 결국 좋은 뉴스와 나쁜 뉴스에 대한 최종적인 판단의 주체는 깨어있는 독자이기 때문이다.

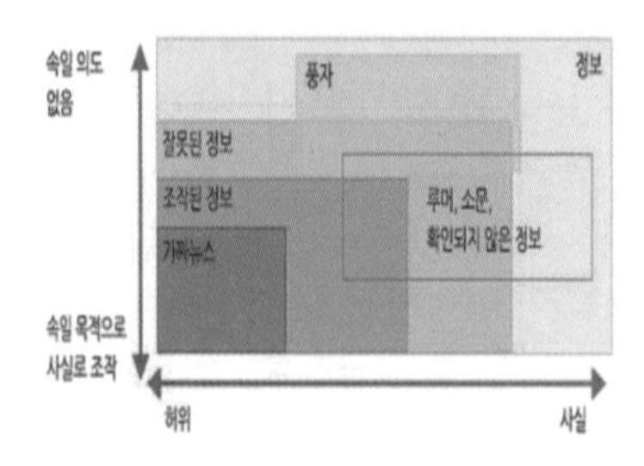

미디어 보도 관련 주요 용어

브리핑(briefing)

브리핑은 각종 홍보자료나 사건사고 등 공개하고자 하는 어떤 주제에 대해 언론을 상대로 설명하는 것을 말한다. 브리핑에는 설명하고자 하는 사안의 중요도나 시급성 등에 따라서 제한이 없는 완전한 공개 브리핑, 사안의 전후 관계에 대한 보충 설명 등을 위한 백그라운드 브리핑, 국민의 알권리 보장 차원에서 언론의 궁금증을 해소해 주기 위해 보도를 하지 않는 것을 전제로 하는 비보도 전제 브리핑 등이 있다.

브리핑과 관련된 용어로 off the record는 비공개, 비보도를 전제로 설명이나 답변을 하는 것인데 확실한 신뢰가 담보되지 않으면 곤란하다. 아무리 비보도를 전제로 한 브리핑이라도 약속과 신뢰를 깨는 것 이상의 보도가치가 있다고 판단되면 보도하고자 하는 것이 언론의 속성이기 때문이다.

on the record는 카메라 촬영은 안 되고 녹음은 가능하도록 하는 브리핑이다. 반면에 on camera는 카메라로 촬영 및 공개가 모두 허용되는 브리핑이다. back ground briefing은 카메라나 녹음이 허용되지 않고 브리핑하는 사람의 실명이나 직책을 공개하지 않도록 하여 기자들의 이해를 돕기 위해 하는 브리핑 방법이다.

신문이나 방송의 보도 기사에서 실명이나 직책이 아닌 '관계자' 또는 '핵심 관계자' '고위 관계자' 등이 거론되는 경우가 있는데 이러한 백그라운드 브리핑 또는 실명이나 직책을 밝히기 곤란할 때 통상적으로 사용되는 호칭이다.

엠바고(embargo)

엠바고(embargo)는 약속된 일정기간 동안은 보도를 유예할 때 사용하는 브리핑 기법이다. 주로 비밀이 유지되어야 하는 중요한 군사작전이나 보안이 요구되는 주요 의전행사 등이 있을 때 사용된다. 엠바고는 당국과 기자들이 서로 협의를 통해 해당 사안에 대하여 개략적인 내용을 알려주고 약속한 기간 동안은 보도를 하지 않도록 하는 것인데, 경우에 따라서는 엠바고가 지켜지지 않고 깨질 때가 있으므로 당국자들은 유의해야 한다.

엠바고가 깨질 경우에는 기자단 자체 또는 엠바고를 설정한 당국에서 해당 매체에 대해서 일정한 페널티를 부여하게 되는데 이는 서로간의 신뢰와 약속에 대한 구속력을 유지하기 위한 것이다.

노코멘트(no comment)

노코멘트는 어떤 사안에 대한 의견이나 견해를 밝히지 않거나 또는 질문에 대해 답을 하지 않겠다는 표현 방식이다. 예를 들면 대답하기 거북한 사안이나 껄끄러운 상황에 대해서 '어떻게 생각하느냐' 또는 '입장이 뭐냐'는 식으로 질문을 할 때 '노코멘트 하겠습니다'라는 표현을 함으로써 불편한 기색이나 곤란한 입장, 또는 무관한 입장임을 표시할 때 주로 사용되고 있다. 노코멘트는 질문에 대해 일체의 대답이나 반응을 하지 않는 묵묵부답과는 다르다. 분명히 '노코멘트입니다'로 표현하는 것이 일반적이다.

NCND(neither confirm nor deny)

NCND는 긍정도 부인도 하지 않는 것을 말하는데, 어떤 질문이나 의견 또는 설명을 요구하는 데 대해 이를 '긍정이나 부정' 또는 '확인해 주기도 부인하기도 곤란할 때' 주로 사용하는 용어이다.

대개의 경우 기자가 단독 취재를 하거나 제보를 통해 비판적인 기사를 쓰면서 당국자에게 질문을 해 올 때 이것을 '맞다 아니다' 또는 '일부는 맞고 일부는 틀리다' 일지라도 그 이슈 자체에 대해서 언급하는 자체가 곤란할 경우에 종종 사용되는 용어이다. 이럴 때 기자는 그 사안에 대해 본인의 직관

력과 통찰력에 비춰 사안의 맞고 그름을 판단해서 기사의 방향을 잘 잡아야 한다. 그렇지 않을 경우 이슈는 맞는데 내용은 아주 엉터리 같은 기사가 되는 수가 있다.

노코멘트나 NCND는 민감하고 파장이 있을 소지가 있는 사안에 대해 질문이 들어올 때 많이 사용하는데, 질문에 대해 약간의 뉘앙스나 언질을 주어도 곤란하게 될 경우에 주로 많이 쓰이는 브리핑 용어이다.

반론보도와 정정보도

언론에서 보도한 것이 팩트가 아니거나 또는 사실과 다를 경우가 종종 있다. 정정보도는 보도한 내용 중에서 팩트가 상당부분 다르거나 또는 결정적인 잘못이나 오류가 있을 때 당국자의 요청과 항의, 또는 언론중재위원회의 결정에 따라 마지못해 '수정하는'보도를 말한다. 쉽게 말해 언론이 정정보도를 수용했다는 것은 해당 언론 스스로의 과실이나 책임이 매우 크다는 것을 의미한다. 웬만해서는 언론사 스스로가 정정보도를 수용해 주지 않기 때문에 언론중재위원회에 제소하게 되는 것이다.

반론보도는 이미 보도한 내용에 대해 팩트가 일부 사실과 다르거나 당사자의 입장이 덜 반영되었을 경우에 해당 당사자의 의견이나 입장을 받아들여 줄 때 사용되는 방법이다. 해당 언론 입장에서는 정정보도로 수정해 주어야 하는 상황인데도 적당한 수준에서 반론보도라는 형식으로 대체하는 경우가 많은 것이 현실이다. 요즘은 언론사(특히 신문)별로 [바로잡습니다]라거나 [밝혀왔습니다]라는 고정코너를 만들어 이미 보도한 내용 중에서 오탈자나 통계수치, 잘못된 표현 등을 수정하기 위한 목적으로 사용되고 있는데, 반론보도도 이런 코너에 게재하기 때문에 그 중요도나 비중이 다소 약해졌다고 볼 수 있다.

문제는 반론보도이든 정정보도이든 간에 언론이 처음 보도할 때는 대문짝만하게(5단 기사일 경우) 제목을 뽑아 독자들에게 널리 유포하여 크게 이슈화가 되어 버렸는데 나중에 언론중재위 결정이나 또는 언론사와의 밀고 당기는 힘겨운 투쟁을 통해 겨우 수용되었다 하더라도 이미 상당한 기간(길게는 몇 달)이 지난 뒤에 아주 조그만 크기로 보도되어 봤자 별 소용이 없게 된다는 데 문제가 있다. 잘못된 보도로 인해 해당 개인이나 기업, 조직은 명예나 신뢰가 이미 실추되고 심지어는 기업 경영의 존폐에 심각한 영향을 끼친 상태가 되었기 때문이다.

[참고] 신문의 경우 보도 기사의 크기를 말할 때 1단 기사니, 3단 기사니 하는 경우가 있는데, 이때 그 기준은 해당 기사의 제목(헤드라인)이 횡으로 몇 개의 블록(단)에 걸쳐 있느냐로 구분한다.

EMBARGO

NEWS
Embargo

노코멘트하겠습니다

언론중재위원회
Press Arbitration Commission

미디어에 작용되는 원리와 이론

뉴스가 보도되기까지의 제작 과정 즉 취재, 채택, 편집, 배포되는 메커니즘과 절차, 배경과 원리를 알면 뉴스가 무엇인지, 왜 저런 뉴스가 나오는지, 미디어가 전달하는 정보와 그 속에 담긴 메시지, 그 이면에 숨은 의도 등을 잘 분별할 수 있다.

뉴스 보도와 관련하여 미디어 이론에 적용되고 있는 대표적인 원리로는 게이트 키핑(gate keeping), 의제설정(agenda setting), 프레이밍(framing), 현실 재구성(reconstruction of reality)등이 있다.

수문장(문지기) 이론 (Gate Keeping Theory)

수문장 이론(gate keeping theory)은 어떤 정보(이슈)가 미디어를 통해 보도되는 과정에서 정보유통 통로에 있는 여러 단계의 수문장(gate keeper)에 의해 취사선택(filtering)과정을 거치게 되는

데, 이때 각각의 게이터 키퍼의 입맛에 따라 정보가 왜곡되거나 걸러지게 된다는 이론이다. 미디어의 메시지(예를 들면 뉴스 등 전달코자 하는 내용)가 신문 방송 등을 통해 대중에게 전달되는 과정에서 정보유통 통로(관문에 해당)에 있는 사람(문지기)이 그 메시지를 취사선택하게 되어 최종적으로 메시지(뉴스보도)가 나오기 까지는 각 단계별로 필터링(여과기능)이 된다.

이때 각 관문에서 문지기 역할을 하는 사람은 현장 취재 기자–데스크–부장–편집국장 등이다. 문지기들이 각각의 위치에서 역할을 제대로 하지 않으면 오보나 왜곡보도가 나오게 되거나, 또는 낙종이 되거나 한다. 물론 최종 단계의 문지기가 아주 중요하지만 각 단계별 문지기의 역할 또한 중요하다. 축구를 예로 들면 골키퍼가 골을 먹었다고 골키퍼 혼자만의 책임은 아닌 것과 같다. 즉 최종수비수와 중간 수비수 등이 상대편의 공격이 골키퍼 앞까지 도달하지 못하도록 중간 차단을 해야 하는데 그렇게 못한 탓도 있기 때문이다.

의제 설정 이론 (Agenda Setting Theory)

의제설정이론(agenda setting theory)은 매스 미디어가 특정 이슈에 대해 반복적인 보도를 통해 공중(시청자, 독자)에게 해당 이슈가 중요하다고 느끼도록 하는 데 크게 작용을 한다는 이론이다. 즉 매스 미디어가 특정 이슈나 주제를 여러 가지 방식의 기획 프로그램이나 다양한 형태로 지속해서 뉴스로 다루고 취급하면 대중들은 그 이슈나 주제를 중요하다고 여기게 되는 것이다.

프레이밍 이론 (Framing Theory)

프레이밍(framing theory)이론은 미디어가 어떤 이슈나 사건을 취재 보도하는 과정에서 특정 프레임(틀)을 통해 보도함으로써 수용자(시청자, 독자)들에게 특정한 이미지를 형성하게 된다는 이론이다. 언론이 특정 이슈에 대해 어떤 시각과 관점에서 보도하는가에 따라서 독자들의 관심과 여론의 방향이 달라질 수 있다. 즉 언론이 특정 측면을 선택하고 부각시키고 그 이슈 자체를 언론사의 편향된 시각으로 보도함으로써 개인이나 사회의 가치판단 및 여론에 영향을 미치게 할 수 있다. 즉 핵심 게이트 키퍼가 어떤 의도된 관점에서의 틀(프레이밍)을 만들어 각각의 관문에 있는 하위 게이트 키퍼들에게 지시하여 생산하고 전달함으로써 특정이슈에 있어서 결과적으로 대중들에게 영향을 미치게 되는 것이다.

현실 재구성 이론 (Reconstruction of Reality)

현실 재구성(reconstruction of reality)은 어떤 이슈나 사건에 대해서 수용자(시청자, 독자)들이 인식하는 것은 실제 현실과 다르너라도 미디어에 의해 보도(재구성)된 그대로 인식하게 된다는 이론이다. 즉 미디어의 보도(메시지 전달)는 현실 그 자체가 아니라, 미디어에 의해 재구성된 현실을 나타낸다는 것이다.

이와 같이 실제의 fact나 현실이 미디어가 보는 관점에 따라 실제와는 다소 다르게 재구성되어 전달되므로, 언론보도는 거짓말이 아니지만 그렇다고 그것이 온전한 팩트 그 자체도 아니다 라는 점을 염두에 두어야 한다. 언론 보도에 대한 비판적 해석(해독)이 필요한 이유이다.

이용과 충족 이론(Uses and Gratification theory)

미디어는 사람들의 내재된 욕구를 충족시키는데, 미디어가 특정 컨텐츠를 제작하여 독자나 시청자들에게 호응이 높으면 그와 관련된 컨텐츠나 프로그램을 더 많이 생산(제작)하게 된다. 시청자나 독자 입장에서도 특정 컨텐츠의 프로그램에 대한 취미나 흥미가 있으면 그러한 유형의 프로그램을 지속적으로 접하고 이용하여 기호를 충족하게 된다는 것이다.

기능적으로 볼 때 주로 신문은 정보욕구를 충족시키고 텔레비전은 오락적 욕구를 충족시켜 준다. 한편 TV프로그램의 경우 시청자들이 특정 분야에 대한 오락적 욕구 경향이 확인되면 그에 맞는 프로그램을 더 많이 제작 편성하게 된다. 근래에 우후죽순처럼 생긴 트로트 경연 프로그램이나 골프예능 프로그램 같은 것이 대표적인 예이다.

침묵의 나선 이론 (Spiral of Silence Theory)

침묵의 나선 이론은 특정 여론의 형성과정을 설명한 이론인데 사람들은 자신의 견해가 다수 의견에 속하면 공개적으로 의견을 표명하고, 소수 의견에 속할 경우에는 침묵하는 경향이 있다는 것에 주목한 이론이다.

이 이론은 특히 선거 여론 보도에서 많이 적용된다. 즉 선거 여론조사에서 어떤 후보가 지지도가 높다고 보도하면 독자(유권자)들은 그 후보 쪽으로 여론이 쏠리게 되는 경향이 있다는 것이다. 이와 같이 언론이 다수 의견이라고 보도하는 것은 더욱 힘을 얻게 되고, 그것이 마침내 '지배적인 여론'으로 형성되어 가는 것을 나선 모양에 비유한 것이다.

쉬운 예를 들면 선거 기간에 각 정당이나 후보가 여론조사 결과 서로 자기 지지도가 높다고 과시하거나 또는 표출되지 않는(shy) 숨은 표가 많다거나 하는 주장을 하는 것이다. 심지어는 자기에게 유리한 방식으로 여론조사를 하는 것도 이러한 효과를 얻고자하는 의도가 깔려 있다.

THE
GATE KEEPERS

아젠다 세팅
AGENDA SETTING

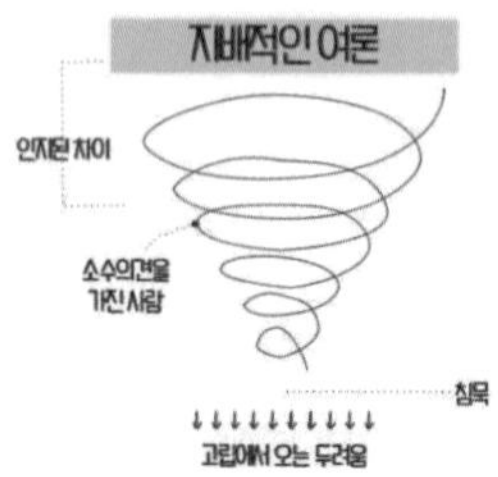
지배적인 여론
인지된 차이
소수의견을 가진 사람
침묵
고립에서 오는 두려움

프레이밍 이론
= 틀짓기 이론
Framing Theory

미디어 보도 관련 취재 및 보도준칙

보도준칙의 개념

언론의 취재 및 보도와 관련하여 언론인 또는 언론매체가 지켜야 할 가장 기본이 되는 것을 규정하는 것이 취재 및 보도준칙이다. '보도준칙'은 보도기준, 권고기준 등 여러 가지 용어로 사용되고 있으나 그 의미는 기본적으로 같다. '보도준칙'(報道準則)은 언론의 취재와 보도에 있어서 어떤 기준이 되는 원칙, 즉 언론이 어떤 사안에 대해 보도를 할 때 무분별한 보도 또는 윤리에 어긋나는 보도를 하지 않도록 규제하는 일종의 자발적이고 자율적인 규범이자 강령이다. 한편으로는 언론이 관련 기관이나 이해관계 당사자들 간에 맺은 신사적인 약속이라는 점에서 일종의 '보도협정'(報道協定)과 같은 것이다.

한국언론연구원의 『매스컴대사전』에는 '보도협정'(報道協定)에 대해, "신문이나 방송 등의 언론기관들이 취재와 보도상의 문제에 관해 서로 협정을 맺는 것, 또는 이렇게 맺은 협정. 예를 들어 어떤 유괴사건에 대한 보도에 서로 자숙을 하자든지, 과소비를 유발하지 않도록 여름 바캉스에 대한 보도를 자제하자든지, 또는 과도한 경쟁을 피하자든지 하는 등의 협정을 서로 맺는 것을 말한다."고 정의하고 있다.

한편 "정부당국이 언론에 대해 정치 · 경제 · 사회문제들을 어떤 식으로 보도하라고 내리는 지침"은 '보도지침(報道指針:guide line)으로서, 언론에 대한 정부의 통제방식의 하나라고 정의하면서 보도협정과는 다른 개념이다.

보도준칙과 유사한 용어로 '보도원칙'(報道原則)이 있는데, 매스컴대사전은 '보도원칙'에 대해 신문 · 잡지 · 방송 · 통신사 등의 언론기관이 뉴스보도에서 지켜야 할 기본 원칙으로서 정확성(accuracy), 객관성(objectivity), 공정성(fairness) 또는 균형성(balance)을 들고 있으며, 이밖에도 보도는 되도록 간결하고 명료해야 하며, 또한 언론윤리강령과 그 실천 요강에 명시되어 있는 사항들을 엄격히 준수해야 된다고 되어 있다.

윤리강령과 실천요강으로 본 취재 및 보도준칙

언론의 윤리 강령 측면에서 가장 오래되고 일반적으로 정형화된 것은 1957년 4월 7일에 처음으로 제정한 '신문윤리강령'과 '신문윤리실천요강'이다. 신문윤리강령은 한국신문협회, 한국신문방송편집인협회, 한국기자협회가 공동으로 제정한 것으로 총 7개 조항으로 되어 있다.

신문윤리강령에는 언론인이 "스스로 윤리 규범을 준수하기 위해 제정" 한다는 취지와 함께, 제1조에서 "국민의 알권리를 실현하는 것이 언론인의 으뜸가는 가치"이므로 "대내외적인 모든 침해, 압력, 제한으로부터" 언론의 자유를 지킬 것이라는 것과, 제2조에서 "언론이 사회의 공기(公器)로서 막중한 책임을 지고 있다"는 언론의 책임을 명시하면서 다양한 여론 형성, 국민의 기본권 보호, 공공복지 증진, 민족화합, 문화창달을 위해 전력할 것을 명시하고 있다.

신문윤리실천요강은 신문윤리강령을 세부적으로 실천하기 위한 것인데 총 16조로 되어 있다. 이 신문윤리실천요강 제2조와 제3조에는 각각 '취재준칙'과 '보도준칙'에 대해 명시하고 있다.

제2조 취재준칙은 ①신분사칭 · 위장금지 ②자료무단이용금지 ③재난 및 사고 취재 ④전화 및 디지털 기기 활용 취재 ⑤도청 및 비밀촬영 금지 ⑥ 부당한 금전 제공 금지 등의 6개 항목으로 되어 있다.

제3조 보도준칙은 "보도기사(해설기사 포함)는 사실의 전모를 충실하게 전달함을 원칙으로 하며 출처 및 내용을 정확히 확인해야 한다. 또한 기자는 사회정의와 공익을 실현하기 위해 진실을 적극적으로 추적 · 보도해야 한다"는 취지와 함께 모두 10개 조항 (① 보도기사의 사실과 의견 구분 ② 공정보도 ③ 반론의 기회 ④ 미확인 보도 명시원칙 ⑤ 보도자료 검증 ⑥ 선정보도 금지 ⑦ 재난보도의 신중 ⑧ 자살보도의 주의 ⑨ 피의사실 보도 ⑩ 표준어 사용)이다.

다음으로는 한국기자협회와 한국인터넷신문협회가 제정한

'윤리강령' 및 '실천요강'이 있다. 한국기자협회 윤리강령은 공정보도, 정당한 정보수집, 취재원 보호, 오보 정정 등 10개 조항으로 되어있고, 윤리강령의 각 조항에 대한 세부 행동지침을 실천요강으로 명시하고 있다.

이 실천요강 제2조에서는 취재 및 보도에 관해 11개 항목으로 구체화하고 있다. 주요 내용은 객관적 사실에 입각한 진실보도, 취재원에 대한 형평과 공정성 유지, 추측보도 지양, 자료의 임의 조작 금지, 취재원 보호, 오보에 대한 솔직한 시인과 정정 등이다.

한국신문협회 신문윤리실천요강의 취재준칙 및 보도 준칙

제2조 취재준칙

언론인은 취재를 위해 개인 또는 단체와 접촉할 때 필요한 예의를 지켜야 하며, 비윤리적이거나 불법적인 방법을 사용 해서는 안 된다. 또한 취재원을 위협하거나 괴롭혀서도 안 된다.

① (신분 사칭 · 위장 금지) 신분을 위장하거나 사칭하여 취재해서는 안 된다.

② (자료 무단 이용 금지) 문서, 자료, 사진, 영상, 그림, 음악, 인터넷 게시물과 댓글 등의 콘텐츠는 공익을 위해 불가피하지 않은 한 소유주나 관리자의 승인 없이 검색하거나 사용해서는 안 된다.

③ (재난 및 사고 취재) 재난이나 사고를 취재할 때 인간의 존엄성을 침해하거나 피해자의 치료를 방해해서는 안 되며, 희생자와 피해자 및 그 가족에게 예의를 갖춰야 한다. 재난 등의 수습 및 구조 활동에 지장을 초래해서도 안 된다.

④ (전화 및 디지털 기기 활용 취재) 취재원과 대면하지 않고 전화나 디지털 기기 등으로 취재할 때 신분을 밝혀야 하며, 상대방에게 예의를 갖춰야 한다.

⑤ (도청 및 비밀촬영 금지) 전화 도청이나 비밀촬영 등의 방법으로 취재해서는 안 된다.

⑥ (부당한 금전 제공 금지) 금전을 제공하는 등 비윤리적 방법으로 취재하거나 자료를 취득해서는 안 된다.

제3조 보도준칙

언론인은 보도기사(해설기사 포함)를 작성할 때 사안의 전모를 충실하게 전달함을 원칙으로 하며, 출처 및 내용을 정확히 확인해야 한다. 또한 사회정의와 공익을 실현하기 위해 진실을 적극적으로 추적, 보도해야 한다.

① (보도기사의 사실과 의견 구분) 보도기사는 사실과 의견을 명확히 구분하여 작성해야 한다. 또한 편견이나 이기적 동기로 보도기사를 고르거나 작성해서는 안 된다.

② (공정보도) 경합 중인 사안을 보도할 때 한 쪽의 주장을 편파적으로 보도하지 않는다. 여론조사 등을 바탕으로 보도할 때는 조사의 신뢰성을 확인할 수 있는 근거를 분명히 밝혀야 하며, 통계를 왜곡해서는 안 된다.

③ (반론의 기회) 보도기사에 개인이나 단체를 비판하거나 비방하는 내용이 포함될 때는 상대방에게 해명의 기회를 주고 그 내용을 반영해야 한다.

④ (미확인보도 명시 원칙) 출처가 분명하지 않거나 확인되지 않은 사실을 부득이 보도할 때는 그 사유를 분명히 밝혀야 한다.

⑤ (보도자료 검증) 취재원이 제공하는 구두발표와 보도자료는 사실 검증을 거쳐 보도하는 것을 원칙으로 한다.

⑥ (선정보도 금지) 범죄 · 폭력 동물학대 등 위법적이거나 비윤리적 행위를 보도할 때 선정적이거나 자극적인 표현을 사용해서는 안 되며 저속하게 다뤄서도 안 된다.

⑦ (재난보도의 신중) 재난이나 대형 사건 등을 보도할 때 흥미 위주의 보도를 지양하고, 자극적이거나 불필요한 공포심을 일으킬 수 있는 표현을 사용하지 않는다. 재난 및 사고의 피해자, 희생자 및 그 가족의 명예나 사생활 등 인권을 침해하는 일이 없도록 각별히 유의해야 한다.

⑧ (자살보도의 주의) 자살보도는 사회에 미치는 영향을 고려하여 신중해야 한다. 자살의 원인과 방법 등

을 구체적으로 묘사하여 대중의 호기심을 자극하는 보도를 해서는 안 된다. 특히 표제에는 '자살'이라는 표현을 삼간다.

⑨ (피의사실 보도) 경찰이나 검찰 등 수사기관이 제공하는 피의사실은 진실 여부를 확인하기 위해 노력해야 한다. 또한 피의자 측에게 해명의 기회를 주기 위해 최선을 다해야 한다.

⑩ (표준어 사용) 보도기사를 작성할 때는 표준어 사용을 원칙으로 하며, 저급한 비속어 사용 등으로 독자에게 불쾌감을 주지 않도록 한다.

제4조 사법보도준칙

언론인은 사법기관의 독립성을 부당하게 훼손하는 취재 · 보도 · 평론을 해서는 안 된다.

① (재판 부당 영향 금지) 재판에 부당한 영향을 끼치는 취재 · 보도 · 평론을 해서는 안 된다.

② (판결문 등의 사전보도 금지) 판결문, 결정문 및 기타 사법문서를 판결이나 결정 전에 보도 · 논평해서는 안 된다. 다만 관련 취재원이 사법문서에 포함된 내용을 제공할 때는 예외로 한다.

제5조 취재원의 명시와 보호

언론인은 보도기사를 작성할 때 취재원이나 출처를 밝혀야 하며, 추상적이거나 일반적인 취재원을 빙자하여 보도해서는 안 된다.

① (취재원 보호) 취재원의 안전이 위태롭거나 부당하게 불이익을 받을 위험이 있다면 그의 신원을 밝혀서는 안 된다.

② (취재원 명시와 익명 조건) 보도기사를 작성할 때는 취재원을 원칙적으로 익명이나 가명으로 표현해서는 안 된다. 다만 공익을 위해 부득이하거나 보도가치가 우선하는 경우 취재원의 익명 요청을 받아들일 수 있지만, 소속 기관과 일반적 지위를 밝히도록 노력해야 한다.

③ (제3자 비방과 익명보도 금지) 취재원이 제공한 불특정 출처나 일방적 주장에 근거하여 제3자를 비판, 비방, 공격하는 경우 익명 요청을 원칙적으로 받아들여서는 안 된다.

④ (취재원과의 비보도 약속) 취재원의 신원이나 내용의 비보도 요청에 동의했을 때는 공익을 위해 불가피하지 않은 한 보도해서는 안 된다.

한국기자협회와 한국인터넷신문협회가 제정한 '실천요강'

2. 취재 및 보도

1) 회원은 기자의 제 1사명이 공정보도임을 명심하고, 객관적사실에 입각한 진실보도를 위해 최선을 다한다.
2) 회원은 이해관계가 얽힌 사안의 취재 및 보도활동에 있어서 취재원에 대해 형평과 공정성을 유지해야 한다.
3) 회원은 본인 또는 취재원의 개인적인 목적에 영합하는 취재 보도활동을 해서는 안 된다.
4) 회원은 확증을 갖지 않는 내용에 대한 추측보도를 지양한다.
5) 회원은 정보를 취득함에 있어서 위계(僞計)나 강압적인 방법을 쓰지 않는다.
6) 회원은 기록과 자료를 사용함에 있어서 이를 임의로 조작하여 사용하지 않는다.
7) 회원은 고의든 고의가 아니든 간에 개인의 명예를 손상하지 않도록 주의를 다한다.

8) 회원은 공익이 우선하지 않는 한 모든 취재 보도 대상의 사생활이 침해되지 않도록 최선을 다한다.

9) 회원은 비밀리에 정보를 취득했을 경우, 취재원을 철저히 보호한다.

10) 회원은 오보가 발생했을 때는 잘못을 솔직하게 시인, 가능한 빨리 이를 정정보도한다.

11) 회원은 지역·계층·종교·성·집단간의 문제를 다룸에 있어 상호간의 갈등을 유발하거나, 차별을 조장하지 않도록 보도에 신중을 기한다.

(출처 : 한국기자협회(http://www.journalist.or.kr)

보도준칙의 종류와 특징

보도준칙은 여러 가지가 있다. 그중에서 여러 언론 단체가 공동으로 제정한 것 중에 가장 오랫동안 논의와 관심의 대상이 되는 대표적인 보도준칙으로 '재난보도준칙'과 각종 공직 선거 보도와 관련한 '선거보도준칙'이 있다.

그 외 각종 감염병에 관한 보도규칙을 정한 '감염병 보도준칙', 자살에 대한 신중하지 못한 보도가 사회적 문제로 대두됨으로 인해 만든 '자살보도준칙', 인권을 침해하지 않도록 하기 위한 '인권보도준칙', 남북 간의 관계와 교류접촉 시에 적용하기 위해 제정한 '평화통일과 남북 화해 협력을 위한 보도 제작 준칙'이 있다. 그리고 인권보도준칙의 세부 기준의 하나로 '성폭력 범죄 보도 세부 권고 기준'이 있고, 모든 미디어 종사자들이 보도행위와 관련하여 지켜야 할 표현 준칙이라고 할 수 있는 '혐오표현 반대 미디어 실천 선언'이 있다.

특히 군과 관련해서는 '천안함 피격사건'이나 '연평도 포격전'과 같이 북한의 군사적 도발로 인해 국가안보 차원의 위기 사태 발생시 취재 및 보도를 위해 군과 언론이 지켜야 할 준칙인 '국가안보 위기시 군 취재 · 보도 기준'이 있다.

그 외 개별 언론사가 소속사 기자들이 지켜야 할 윤리와 원칙에 대해 규정해 놓은 개별 언론사 차원의 취재보도준칙 등이 있다.

재난보도준칙

'재난보도준칙'은 2003년 2월 18일에 발생한 '대구지하철 화재참사'를 계기로 보도준칙의 초안을 마련하였으나 이에 대한 여론 수렴과정에서 최종 합의에 이르지 못하다가, 이후 2014년 4월 16일의 '세월호 침몰사고'를 겪고 나서 한국신문협회, 한국방송협회, 한국신문방송편집인협회, 한국기자협회, 한국신문윤리위원회 등 5개 언론단체가 공동으로 협의하여 2014년 9월 16일에 제정 선포한 준칙이다. 이 준칙은 전문과 총 3장 44개 조항으로 구성되어 있다.

재난보도준칙 제1장은 목적과 적용분야에 대한 규정인데, 전쟁이나 국방 분야를 제외한 다섯 가지 유형의 재난에 대하여 적용한다고 명시하고 있다. 제2장은 취재와 보도에 관한 것으로 일반준칙, 피해자 인권보호, 취재진의 안전 확보, 현장 취재협의체 운영 등 모두 33개 조항으로 되어 있다. 제3장은 언론사의 의무에 대해서 명시하고 있는데, 다른 어떤 보도준칙에 비해서 재난보도 준칙이 특징적이고 대표성을 갖는다고 할 수 있는 항목은 다음과 같은 제38조, 39조, 40조, 42조라고 할 수 있다.

제 1 장 목적과 적용

제1조(목적)

이 준칙은 재난이 발생했을 때 언론의 취재와 보도에 관한 세부 기준을 제시함으로써 취재 현장의 혼란을 방지하고 언론의 원활한 공적 기능 수행에 기여함을 목적으로 한다.

제2조(적용)

이 준칙은 다음과 같은 재난으로 대규모 인명피해나 재산피해가 발생하거나 발생할 가능성이 있을 경우에 적용한다. 전쟁이나 국방 분야는 제외한다. ① 태풍, 홍수, 호우, 산사태, 강풍, 풍랑, 해일, 대설, 낙뢰, 가뭄, 지진 등과 이에 준하는 자연 재난 ② 화재, 붕괴, 폭발, 육상과 해상의 교통사고 및 항공 사고, 화생방 사고, 환경오염, 원전 사고 등과 이에 준하는 인적 재난 ③ 전기, 가스, 통신, 교통, 금융, 의료, 식수 등 국가기반체계의 마비나 이에 대한 테러 ④ 급성 감염병, 인수공통전염병, 신종인플루엔자, 조류인플루엔자(AI)의 창궐 등 질병재난 ⑤ 위에 준하는 대형 사건 사고 등 사회적 재난

제 3 장 언론사의 의무

제38조(언론사별 준칙 제정)

언론사는 필요할 경우 이 준칙을 토대로 각사의 사정에 맞춰 구체적이고 효율적인 자체 준칙을 만들어 시행한다.

제39조(재난관리당국과의 협조체제)

언론사는 회사별로, 또는 소속 언론사 단체를 통해 재난관리당국 및 유관기관과의 상시적인 협조체제를 구축함으로써 효율적인 방재와 사후수습, 신속 정확한 보도를 위해 노력한다.

제40조(준칙 준수 의사의 공표)

이 준칙의 제정에 참여했거나 준칙에 동의하는 언론사는 자체 매체를 통해 적절한 방법으로 준칙 준수 의사를 밝힌다.

제42조(사후 조치)

이 준칙의 제정에 참여했거나 준칙에 동의하는 언론사의 특정 기사나 보도가 준칙을 어겼다고 판단될 경우에는 심의기구별로 적절한 제재조치를 취한다. 구체적인 제재 절차와 방법, 제재 종류 등은 심의기구별로 자체 규정을 만들어 운영한다.

출처:한국기자협회(http://www.journalist.or.krp)

선거보도준칙

선거보도준칙은 대부분의 언론사가 각종 선거를 전후하여 지켜야 할 보도준칙을 제정하여 시행하고 있는데, 가장 대표적이고 공통적으로 적용되고 있는 것은 2016년 12월 8일 한국기자협회, 한국신문협회, 한국방송협회, 한국신문방송편집인협회, 한국인터넷신문협회 등 5개 언론단체가 공동으로 제정하여 현재에 이르고 있는 선거여론조사 보도준칙이다.

또 2000년 4월 13일의 제16대 국회의원 총선거를 앞두고 한국기자협회가제정한 '16대 총선보도준칙'이 있다. 이 보도준칙은 공정한 보도, 유익한 보도, 지역주의 배제, 바른 선거풍토에 대해 원론적이고 선언적인 보도방향을 제시하고 있다. '16대 총선보도준칙'은 2016년 4월 13일의 제20대 국회의원 총선거를 앞두고 다시 동일한 내용으로 재추인되었다.

또한 2008년 4월 9일의 제18대 국회의원 총선거를 앞두고 언론개혁시민연대 등 전국의 시민 · 사회단체로 구성된 2008 총선미디어연대에 의해 제정된 '선거 여론조사 보도에 대한 보도준칙'이 있다. 이 선거 여론조사 보도준칙은 모두 3개 분야 16개 항목으로 구성되어 여론조사 기관, 이를 보도하는 언론사, 데스크 및 기자를 위한 기준을 제시하고 있다.

이 외에도 1992년 10월 20일에 제14대 대통령 선거를 앞두고 한국기자협회, 한국방송프로듀서연합회, 전국언론노동조합이 공동으로 제정한 제14대 '대통령선거 보도순칙'이 있다.

이 준칙 전문에서 “제13대 대통령 선거 보도 당시의 각종 문제점을 반성적으로 되짚어보면서” 제정한 것을 밝히고 있으며, 제4항에서 ‘언론 3단체가 선거과정에서 특별위원회를 가동하여 언론의 자기감시 역할’을 할 것을 명시하였다.

이러한 각종 선거보도 준칙은 ‘선거여론조사 보도준칙’으로 통합되어 적용되고 있는데, 이 선거여론조사 보도준칙은 제20대 국회의원 총선거(2016.4.3) 당시 언론이 여론조사와 보도에서 문제가 있었다는 데 대해 공감하여 제정된 것이다. 이 보도준칙은 전문과 5장 28개 조항으로 구성되어 있다.

선거여론조사 보도준칙은 제1장 제2조(적용범위)에서 이 준칙은 「공직선거법」에 따른 공직선거, 「지방교육자치에 관한 법률」에 따른 교육감선거,「제주특별자치도 설치 및 국제자유도시 조성을 위한 특별법」에 따른 교육감 선거 및 교육의원선거에 적용한다고 명시하고 있다. 아울러 이 준칙이 적용되는 미디어로는, ① 신문 등의 진흥에 관한 법률에 규정된 신문, 인터넷신문 ② 방송법에 규정된 방송, 전광판방송, 종합편성, 전문편성, 유선방송 ③ 뉴스통신 진흥에 관한 법률에 규정된 뉴스통신 ④ 신문 등의 진흥에 관한 법률에 규정된 인터넷뉴스서비스로 명시하고 있다.

제5장은 언론사의 역할에 대해 명시하고 있는데, 특히 제26조에서 언론사별로 이 준칙을 토대로 각 사의 사정에 맞춰 구체적이고 효율적인 자체 준칙을 만들어 시행하도록 할 것과, 제27조에서 이 준칙의 제정에 참여했거나 준칙에 동의하는 언론사는 자체 매체를 통해 준칙 준수 의사를 밝힐 것, 제

28조에서 이 준칙을 어겼다고 판단될 경우에는 심의기구별로 적절한 제재조치를 취하도록 하고 있다.

자살보도준칙

언론의 자살보도와 관련한 준칙으로는 2004년 10월 5일에 한국기자협회와 한국자살예방협회가 공동으로 마련한 '자살보도 윤리강령'에서 비롯되어, 2013년 9월 13일에 한국기자협회, 보건복지부, 한국생명존중희망재단이 공동으로 제정한 '자살보도 권고기준 3.0'이 있다.

이 자살보도 권고 기준은 전문과 5가지 원칙 및 23개의 세부내용으로 되어 있다. 이 기준은 자살보도에는 사회적 책임이 따른다는 것을 인식하고, 언론과 개인이 자살예방에 동참할 것을 권유하기 위해 마련되었다. 이 기준은 신문, 방송, 인터넷 매체를 포함한 모든 미디어와 경찰과 소방 등 국가기관, 그리고 개인의 사회 관계망 서비스 계정(SNS), 블로그, 온라인 커뮤니티 등에서도 유의해야 한다고 명시하고 있다.

'자살보도 권고기준 3.0'의 5가지 원칙은 다음과 같다.

(출처: 한국기자협회(http://www.journalist.or.kr)

1. 기사 제목에 '자살'이나 자살을 의미하는 표현 대신 '사망', '숨지다' 등의 표현을 사용합니다.
2. 구체적인 자살 방법, 도구, 장소, 동기 등을 보도하지 않

습니다.
3. 자살과 관련된 사진이나 동영상은 모방자살을 부추길 수 있으므로 유의해서 사용합니다.
4. 자살을 미화하거나 합리화하지 말고, 자살로 발생하는 부정적인 결과와 자살예방 정보를 제공합니다.
5. 자살 사건을 보도할 때에는 고인의 인격과 유가족의 사생활을 존중합니다.
※ 유명인 자살보도를 할 때 이 기준은 더욱 엄격하게 준수해야 합니다.

감염병 보도준칙

감염병 보도준칙은 감염병이 발생했을 때 정확한 사실에 근거해 보도하도록 하고, 추측성 기사나 과장된 기사로 국민들에게 혼란을 주지 않도록 보도하기 위해 2020년 4월 28일 한국기자협회, 방송기자연합회, 한국과학기자협회가 공동으로 제정하였다. 감염병 보도에서 지켜야 할 7개의 기본원칙과 2개의 권고 사항으로 되어 있다. 2개의 권고사항은 다음과 같다.
1. 감염병 발생 시, 각 언론사는 특별취재팀을 구성해 감염병에 대한 충분한 사전 교육을 받지 않은 기자들이 무분별하게 현장에 접근하는 일이 없도록 해야 한다.
2. 감염병 발생 시, 보건당국은 언론인을 포함한 특별대책반

(T/F)를 구성해, 관련 정보가 국민들에게 신속하고 정확하게 전달되도록 해야 하고, 위험 지역 접근 취재 시 공동취재단을 구성해 기자들의 안전 및 방역에 대비해야 한다.

인권보도준칙

'인권보도준칙'은 한국기자협회와 국가인권위원회가 공동으로 2011년 9월 23일에 제정하고 2014년 12월 16일 개정한 준칙으로서, 전문과 10개항의 총강, 주요 분야별 요강 9장 (제1장 민주주의와 인권, 제2장 인격권, 제3장 장애인 인권, 제4장 성 평등, 제5장 이주민과 외국인 인권, 제6장 노인 인권, 제7장 어린이와 청소년 인권, 제8장 성적 소수자 인권, 제9장 북한이탈주민 및 북한 주민 인권이다)으로 구성되어 있다. 인권보도준칙의 세부 기준으로 '성폭력 범죄보도 세부권고기준'이 2012년 12월 2일에 제정되었다. 이 권고기준은 전문과 총강 7개항, 실천요강 10개항으로 구성되어 있다.

성폭력 · 성희롱 사건보도준칙

성폭력 · 성희롱 사건보도준칙으로는 2018년 한국기자협회와 여성가족부가 공동으로 제정한 '성폭력 · 성희롱 사건보도 공감기준, 실천요강' 이 있다. 공감기준에는 잘못된 통념 벗어나기, 피해자 보호 우선하기, 선정적 자극적 보도 지양하기, 신중하게 보도하기, 성폭력 예방 및 구조적인 문제해결을 위해 노력하기 등 5개항으로 되어 있다. 실천요강은 취재 시 주의사항 2개항과 기사 작성 및 보도 시 주의사항 10개항으로 구성되어 있다.

혐오표현 반대 미디어 실천 선언

'혐오표현 반대 미디어 실천 선언'은 미디어 종사자들이 저널리즘의 책무와 윤리의식 아래 사회의 모든 혐오표현을 막고, 시민의 인권의식을 높임으로써 건강한 사회를 만드는 데 기여하도록 실천할 것을 선언하는 것으로서 모두 7개항으로 구성되어 있다.

이 선언은 2020년 1월 16일 한국기자협회 · 방송기자연합회 · 한국인터넷기자협회 · 한국PD연합회 · 한국아나운서연합회 · 한국방송작가협회 · 인플루언서경제산업협회 · 전국언론노동조합 · 민주언론시민연합 · 국가인권위원회 등 10개 단체가 참여하였다. 미디어의 표현 방법에 있어서 혐오감이 들 수 있는 기호나 용어, 보도영역이나 범위 등을 사용하지 않기 위한 보도준칙의 일종이다.

남북관계 보도준칙

'남북관계 보도준칙'으로는 광복 50주년인 1995년 8월 15일에 한국기자협회, 전국언론노동조합, 한국방송프로듀서연합회 등 3개 언론단체가 제정한 '평화통일과 남북화해 · 협력을 위한 보도 · 제작 준칙'이 대표적이다. 이 준칙은 남북관계 보도의 기준 틀이 되도록 하기 위해 제정되었는데, 전문과 총강 5개항, 보도실천요강 10개항, 제작실천요강 10개항으로 구성되어 있다.

이 준칙은 전문에서 우리 언론이 "남북관계 및 통일문제 보도 · 제작에서 화해와 신뢰분위기 조성에 기여하기보다는 불신과 대결 의식을 조장"했다는 "반성 위에서" "우리 언론이 통일 언론으로 거듭나기 위한 다짐으로 공동의 보도 · 제작 규범을 제시한다."고 밝히고 있다. 총강 1항에서는 "상대방의 국명과 호칭을 있는 그대로 사용"할 것을 명시하고 있고, 또 보도실천요강 7항에서는 '각종 추측보도를 지양'할 것을 밝히고 있다. 제작실천요강 10항에서는 '남북 동질성의 부각'을 강조하며, "남북의 차이점보다는 같은 점을, 과거보다는 미래를 부각시킴으로써 미래지향적 · 통일지향적 방향으로 프로그램 제작에 힘쓴다."고 명시하고 있다.

남북관계보도준칙은 재난보도준칙이 매우 구체적이고 상세한 방법론까지 세세하게 명시한 것에 비하면 다소 선언적이고 개념적인 방향만 제시한 준칙이라고 할 수 있다.

이 남북관계 보도준칙을 근간으로 하여 제정된 또 다른 준칙으로 2000년 6월 15일 당시 김대중 대통령의 남북정상회담을 앞두고 KBS가 마련한 '정상회담보도준칙'이 있고, 경향신문이 이와 관련한 유사한 내용의 '정상회담보도준칙'을 마련한 바 있다. KBS는 '정상회담보도준칙'에서 국호와 호칭의 그대로 사용, 감정적 단어사용 회피, 북한 자극 지양, 남북비교 지양 등을 중심으로 한 사항을 제정하였다. (그러나 실제 KBS는 북한에 대한 국호를 '조선민주주의인민공화국' 대신에 그냥 '북한'으로 사용하기로 하였다.)

또한 2007년 10월 노무현 대통령의 남북정상회담을 앞두고 방북 취재한 공동취재단 50명이 마련한 '남북정상회담 공동취재 · 보도준칙'이 있다. 이 준칙은 공동취재단이 북한 현지에서 정상회담을 취재 보도함에 있어서 기자단이 지켜야 할 공동취재 원칙, 불필요한 취재경쟁 방지, 철저한 사실중심 보도 원칙 등에 대해 명시하고 있다.

미디어 인성과 미디어 리터리시(media literacy)

미디어 인성 함양이 필요한 시대

인성(人性)은 말 그대로 사람의 성품을 뜻한다. 인성교육은 사람의 성품을 가르치고 육성하는 것이다. 인성교육진흥법(법률 제13004호, 2015. 1. 20. 제정) 제2조에는 인성교육을 "자신의 내면을 바르고 건전하게 가꾸고 타인 · 공동체 · 자연과 더불어 살아가는 데 필요한 인간다운 성품과 교육"으로 정의하고 있다.

인성교육진흥법 제4조에는 "국가와 지방자치단체는 인성을 갖춘 국민을 육성하기 위하여 인성에 관한 장기적이고 체계적인 정책을 수립하여 시행하여야 한다." 고 국가와 지자체의 책무에 대해 명시하고 있다. 제5조에서는 "인성교육은 학교와 가정, 지역사회의 참여와 연대 하에 다양한 사회적 기반을 활용하여 전국적으로 실시되어야 한다." 고 인성교육의 기본 방향에 대해서 명시하고 있다.

이러한 인성은 우리 생활의 곳곳에서 분야별 영역별로 지녀야 할 기본 같은 것이 있다. 예를 들면 스포츠 경기에서는 각 종목별 스포츠 인성을 갖춰야 하고, 가정에서는 가정 인성을, 학교에서는 학교 인성을, 직장에서는 직장 인성을 갖춰야 하듯이 미디어에는 미디어 인성을 필요로 한다.

'미디어 인성'은 미디어 생산, 소비, 유통 전 과정에서 지니고 있거나 나타나는 인성으로 정의할 수 있다. 미디어 인성의 범위는 매우 광범위하다. 예를 들면 각종 미디어에 대한 댓글, 바른 용어, 유해 컨텐츠, 몰래 카메라, 언어폭력물, 성폭력물, 영상, 음악 등의 무단 사용으로 인한 저작권 침해, SNS 문화, 명예훼손 등 각종 미디어기기를 사용 및 소비(구독)할 때의 에티켓이나 매체별 특성에 대한 이해력과 올바른 사용법, 컨텐츠 제작시 지켜야 할 규칙(준칙), 미디어와 관련한 법과 제도, 윤리의식 등에 이르기까지 매우 다양하다.

미디어의 무분별한 생산과 제작, 여과장치 없는 유통, 잘못된 소비 행태는 개인과 집단의 확증편향성을 증가시켜, 또래 집단의 따돌림 현상과 공동체 사회의 왜곡 등 사회적인 갈등과 분열을 초래하게 되어 사회통합의 저해 요소로 작용될 수 있다. 이러한 문제들은 미디어 인성의 부재와 미흡에서 비롯된다. 따라서 미디어 리터러시 교육의 한 파트로 '미디어 인성 함양 교육'이 필요하다. 즉 미디어 리터러시 교육의 목표나 목적이 미디어의 올바른 생산과 유통, 소비를 통한 건강한 민주시민 사회의 형성에 있듯이, 미디어 인성 함양 교육은 미디어 리터러시 교육의 구체화 내지 세분화라고 할 수 있다.

미디어 인성 함양 교육이 필요한 이유는, 디지털 미디어 기기 발달과 미디어 생태계의 변화로 인해 사회 전반의 세대별 · 계층별 또래문화 · 집단문화 형성에 미디어가 직접적이고 즉각적인 영향을 미치고 있기 때문이다.

디지털 미디어 기기와 기술의 발달에 따라 미디어로 인한 폐해와 역기능이 증가하는 추세이고, 매스 미디어의 인터랙션화와 1인 미디어, 소셜 미디어의 보편화로 인해 생산자와 소비자가 구분되지 않는 '미디어 프로슈머화'(media prosummer)는 미디어 범죄의 급증 등 여러 가지 사회문제로 대두되고 있다. 이러한 문제들이 복합화되기 전에 미리 예방하고 대비하기 위해서는 미디어 활동과 생태계 전반에 걸친 에티켓, 규칙, 절차, 저작권 등에 대한 교육을 통한 미디어 인성 함양이 필요한 것이다.

미디어 리터러시 교육의 새로운 의제(agenda)로서 미디어 생태계 전반에 대한 에티켓, 규칙(준칙), 법과 제도 등에 대한 '미디어 인성 함양 교육'의 제도화를 통해 미디어 생산과 소비, 유통 전 과정에 걸쳐 건강한 미디어 문화 형성이 가능하다. 이것은 또한 디지털 갭, 미디어 갭, 세대간 갭, 문화적 갭을 줄여줌으로써 사회통합에도 기여할 수 있다.

우리나라는 미디어 리터러시 교육이 아직 초기 단계이고 체계가 잡히지 않은 상태이므로 이러한 미디어 인성 함양 교육을 병행 추진해 나가야 미디어를 통한 건강한 민주시민 교육과 민주시민 사회 건설에 기여할 수 있다.

미디어 리터러시와 민주시민사회

1960년대까지만 해도 정부의 통계조사 항목이나 언론의 통계 현황표에 '문맹률'이라는 항목이 있었다. 2000년대 들어 유머나 조크로 많이 유행했던 주제가 '컴맹'에 관한 것이었다. 지금은 스마트폰의 보편화 일상화로 인해 컴맹이라는 말도 거의 자취를 감추었다.

문맹(文盲)은 글자(文)에 대한 눈이 어둡다(盲=目+亡) 즉 글자를 읽고 쓰지 못한다는 것이다. 이와 같이 우리나라를 막론하고 20세기는 전 세계가 각각 자국 언어와 글자에 대한 해독력 즉, 글자 문맹(文盲)에 대한 문해력(Literacy)을 강조하는 시대였다. 그러나 21세기 들어서는 언어나 글자에 대한 해독력이 아닌 미디어에 대한 해독력 즉 미디어 문맹에 대한 문해력인 미디어 리터러시가 중요한 화두가 되었다. 이를 뒷받침하는 근거로 2015년에 UNESCO에서는 미디어 리터러시를 21세기 삶을 영위하기 위한 필수 역량으로 규정한 바 있다.

리터러시라는 용어는 우리 인간 생활의 변화 발전과 더불어 다양하게 사용되고 있다. 초기 컴퓨터가 보급화되던 1980년대에는 컴퓨터 리터러시, 1990년대의 초기 정보화 시대에는 정보 리터러시, 2000년대 들어 인터넷을 비롯한 정보통신 기술이 비약적으로 발전하던 시대에는 ICT리터러시, 그리고 2000년대 초에는 디지털 기기(세계)를 이해하고 활용할 수 있는 능력인 디지털 리터러시 개념이 등장하였고, 인공지능과 가상현실을 비롯한 메타버스가 주류인 최근에는 디지털 미디어 리터러시라는 용어가 보편화되고 있다.

미디어 리터러시란 쉽게 말해 미디어를 이해하고 활용할 수 있는 능력을 말한다. 즉 미디어 리터러시(미디어 문해력) = 미디어(언론) + 리터러시(문해력)의 합성어인 셈이다. '미디어 리터러시'는 미디어에 대한 교육과 학습을 통해 미디어 활용 역량을 함양하는 의미의 글로벌 기준의 용어로서 미디어에 관한 상징적 도구나 기술적 도구를 잘 활용하기 위한 역량을 키우는 것이다. 여기서 미디어 활용이라 함은 미디어를 읽고, 쓰고, 생산(제작), 유통(전파), 소비하는 모든 행위를 말한다.

미디어 리터러시는 단순히 미디어 기술이나 미디어 이용에 대한 지식이나 기술이 아니라, 하나의 사회체제이자 제도로 작용하고 있다. 즉 단순히 개인에 대한 교육과 학습의 문제가 아니라, 4차 산업혁명 시대를 살아가는 개개인의 삶의 질의 문제이자, 사회 전반의 문화와 제도, 의식문제와 연결된다. 특히 학교 교육에서의 미디어 리터러시는 학생들의 지식 습득과 지식 창조를 위한 학습의 원동력으로 기능하고 있다.

미디어 리터러시의 기원과 역사

고대 그리스 도시국가에서는 문자 등장과 더불어 이것을 읽고 쓸 줄 아는 사람만이 정치에 참여할 수 있었다. 즉 문자에 대한 해독 능력은 곧 참정권 행사 능력으로 상징되었다. 시민국가가 등장하면서부터는 문자의 활자화를 통한 대량 인쇄 기술의 발달로 일반 시민들도 글자를 읽고 쓰는 능력을 갖게 됨에 따라 정치 참여가 가능하게 되어 참정권에 대한 권리와 지위가 향상될 수 있었다. 근대에 들어 미디어 리터러시는 매스 미디어의 등장과 더불어 모든 시민들의 문화 향유를 위한 기본 능력으로 인식되기 시작하였다.

미디어 리터러시의 필요성

미디어 컨텐츠는 문자, 영상, 이미지, 소리, 웹툰, 기호, 이모티콘, 영화, 음악 등 매우 다양하다. 따라서 이러한 컨텐츠가 주는 기호의 의미에 대해 읽을 줄 알고 해독할 줄 아는 능력이 필요해졌다. 특히 4차 산업혁명 시대는 '디지털 미디어' '스마트 미디어' 의 급속한 발달로 인해 디지털 세상과 미디어 세상을 제대로 읽고, 쓰고, 활용하는 것이 쉽지 않은 현실이다. 새로운 미디어 기기 및 테크놀로지의 등장과 함께 미디어 환경이 다양해짐에 따라 이에 맞는 미디어 역량이 요구되고 있다.

리터러시는 단순히 글자를 안다고 해서, 또는 뉴스를 보고, 듣고, 읽는다고 해서 다 이해할 수 있는 것이 아니고, 영어 알파벳을 안다고 해서 영어뉴스나 영자신문을 다 읽고 이해할 수 있는 것이 아닌 것과 같다. 그래서 미디어 기기나 디지털 기기에 대해 쉽게 접근하고 활용하는 사람과 이를 잘 못하는 사람 간의 차이, 즉 디지털 디바이드이나 미디어 디바이드 현상이 생기게 된다.

이러한 미디어 격차는 곧 문화격차, 세대격차로 이어지고 나아가서 빈부격차 못지않게 또 다른 사회문제로 등장할 가능성도 있다. 요즘은 기술과 도구의 발달로 인해 누구나 미디어를 만들고 전파할 수 있게 되었다. 이에 따라 의도적, 악의적으로 나쁜 내용, 가짜정보를 만들어서 전파할 수도 있다. 이러한 가짜정보, 나쁜 정보, 유해정보를 골라내고 속아 넘어가지 않는 능력이 필요하다. 미디어 리터러시의 필요성과 중요성은 바로 이런 데에 있다.

미디어는 인간의 지각과 인지, 행동에 영향을 미치고, 나아가 사회 전반의 구조적, 제도적 변화의 틀로서 기능하고 있으므로 사회 전반의 정치적 문화적 기술적 맥락을 이해할 필요가 있다. 따라서 미디어 리터러시는 미디어가 생산(제작) · 유통 · 소비되는 전 과정에 대해 제대로 이해하고 그 정보를 활용할 수 있도록 해주는 것으로, 미디어 지식과 미디어 역량을 함양해 준다.

미디어 지식은 미디어 자체에 대한 지식과 개념, 즉 미디어 언어, 미디어와 수용자 관계, 미디어 상품의 생산에서부터 유통, 소비에 이르기까지의 수단과 미디어 산업 전반의 생태계에 관한 지식이다. 미디어 역량은 미디어에 대한 접근과 활용 능력에 대한 개념, 해석 능력, 비판적 · 분석적 사고 능력이다.

역량은 선천적으로 타고나는 기본 능력과 후천적으로 기르는 활용 능력을 모두 합한 것이다. 인간은 누구나 미디어에 대한 기본 능력(예를 들면 보고, 듣고, 말하는 능력)은 모두 타고난다. 그러나 활용 능력은 교육과 학습을 통해 길러지는 것이다. 따라서 개인별 역량의 차이는 타고난 기본 능력의 차이에서 오는 것이 아니라, 교육과 학습을 통한 활용 능력의 차이에서 발생하는 것이다.

미디어 역량도 마찬가지이다. 인간 사회에는 기술 발달과 문명의 발전에 따라, 환경 변화와 적응의 필요성에 따라 이를 충족시키기 위한 새로운 미디어와 기기가 계속 개발되어 나타나게 된다. 그러므로 새로운 미디어의 논리나 코드를 배워야 그 미디어와 기기를 활용할 수 있는 역량이 커지는 것이다.

미디어 리터러시와 민주 시민사회

미디어 리터러시는 개인과 사회 전체를 미디어 문맹에서 벗어나게 한다. 즉 개인의 미디어 사용 또는 소비에 대한 능력이나 역량 개발에서 시작하여 궁극적으로는 사회 집단 전체를 미디어 문맹에서 벗어나게 하는 사회적 실천을 위한 포괄적인 범주로서의 미디어 역량을 높인다. 특히 오늘날 4차 산업혁명 시대에 디지털 민주시민으로서 살아가기 위해서는 디지털 역량 강화 및 올바른 디지털 문화 형성을 위한 미디어 리터러시가 필요하다.

특히 4차 산업혁명 시대의 디지털 미디어는 big data, AI 등이 선호하는 것을 지속적으로 노출시키는 선택적 노출

(selective exposure, 관심 있고 필요한 정보에만 자신을 노출시키는 것)과, 미디어의 확증편향성(confirmation bias, 보고 싶은 것, 좋아하는 것, 마음에 드는 것, 생각이 같은 것만 선호하게 되는 현상)을 더욱 심화시켜 올바른 판단력, 자정력, 판세 분석을 제대로 못하게 할 수 있어 개인과 집단의 객관성을 잃게 하고, 자기만의 미디어 세상, 미디어 울타리에 갇히게 될 수 있으므로 미디어 리터러시 교육의 필요성이 더욱 높아지고 있다.

'디지털 원주민(digital native)'으로 불리는 청소년들에게 미디어 리터러시는 미디어에 대한 바른 인식과 비판적(critical, '부정'이나 '비난'의 의미가 아니라, '이성적이고 분별력 있는'이라는 의미)활용 능력을 향상시켜 사고력 향상과 창의력 개발, 자기주도 학습의 기초 토양을 조성하는데 도움을 준다.

* 디지털 네이티브(digital native): 디지털 원어민, 즉 태어나면서부터 자연스럽게 스마트폰 등 디지털 기기와 환경에서 살게 된 Z세대를 일컬음.

* 디지털 시대의 폐해로 디지털 치매(digital dementia)가 있을 수 있다고 한다. 즉 디지털 기기에 의존할수록 우리의 두뇌활동은 점점 저하되고 이에 따라 우리의 두뇌 기능도 저하되는 현상을 말한다. 예로 스마트 폰 사용의 일상화로 전화번호를 기억하지 못하게 되고, 노래방 기기의 발달로 노래가사를 기억하지 못하는 것이 대표적이다. 이렇게 스마트폰이 스마트해질수록 우리의 뇌는 점점 'non smart'하게 되는 아이러니한 세상에 우리는 살아가고 있다.

미디어 리터러시의 선두 국가는 영국과 핀란드이다. 영국은 미디어 교육의 원조국이자 선도국가이다. 1930년대부터 학교 교육에 도입하였고, 미디어 교육을 국가정책으로 제도화하여 국민들 중 디지털 소외인구가 최소화되도록 1988년부터 공교육 커리큘럼에 넣어 시행하고 있다.

핀란드는 유아교육부터 고등학교 교육까지 미디어 리터러시 교육을 법으로 의무화하고 있다. 미디어가 개인 및 사회적 웰빙, 즉 학생들의 학습, 비판적 사고력, 창의력 개발, 사회 참여 및 사회적 상호작용, 문화 간 그리고 소통에 기여하고, 개인과 조직의 성취감을 통해 생활의 웰빙과 행복추구에 기여하고 있다는 인식이 깔려 있다.

프랑스는 미디어 리터러시를 국가정책으로 제도화하고 있고, 미국은 후발 국가이긴 하나 각 주별로 제도화하고 있는데 현재는 15개주에서 비디어 리터러시 교육을 법제화하였고, 호주는 모든 주에서 미디어 교육을 도입 적용하고 있다.

우리나라는 2016년에 인성교육 5개년 계획(2016~2020)의 중점 과제의 하나로 '미디어에 대한 비판적 이해 능력 함양교육'을 제시한 바 있고, 2020년에는 '디지털 미디어 소통역량 강화 종합계획'을 발표하는 등 전 국민의 미디어교육 필요성에 대해 인식은 하고 있으나 아직 제도화되지는 않았다.

현재는 방송통신위원회 산하의 시청자 미디어재단(방송영상 위주), 한국언론진흥재단(신문 위주)에서 미디어 교육이 이루어지고 있다. 학교 미디어교육은 관심있는 학교에서 자유학기제, 창의체험활동, 특별활동, 재량활동, 방과 후 수업 등의 형태로 이루어지고 있는 실태이다.

학교 미디어 리터러시 교육은 미디어라는 과목이 따로 있는 것이 아니라, 모든 과목의 학습에 녹아 들어가도록 하는 것이 중요하다. 즉 단순히 미디어를 다룰 수 있도록 돕는 교육이 아니라, 학습자가 자신이 향유하고 경험한 미디어에 대한 비판적 성찰을 할 수 있게 하고, 학습자 스스로 자기 주도 교육을 할 수 있도록 도와야 한다. 즉 주관적, 체험적 지식을 객관적이고 공적인 학습 영역으로 연결되도록 하는 것이 중요하다.

이러한 미디어 교육은 초기에는 주로 미디어에 '대해서'(about the media)하는 교육 중심이었는데, 현재는 미디어를 '사용'해서(thru the media) 하는 교육까지 포함해서 이루어지고 있다. 오늘날 기계문명의 발달과 미디어의 발달은 미디어 인성 함양과 미디어 리터러시 교육의 필요성을 높여주고 있다.

part 4.

사례로 본
군과 언론, 회고(回顧)

천안함 피격사건 보도, 팩트와 이념

군과 언론, 국민 모두에게 준 피로감

'천안함 피격사건'은 2010년 3월 26일(금) 21시 22분경 백령도 인근 해상에서 경계작전 임무를 수행하던 해군 제2함대 소속의 초계함(천안함 PCC-772, 1200톤급)이 북한 잠수정의 어뢰 공격을 받아 침몰함으로써 승조원 104명 중 46명이 전사하고 58명이 구조된 사건이다. 천안함은 북한의 어뢰 공격으로 인해 함체 폭발과 동시에 함수와 함미가 두 동강으로 분리 절단되어 침몰됨으로써 피격 20분 만에 배의 절반 이상이 바다속으로 가라앉았고, 승조원들은 다급하게 탈출을 시도했으나 배의 후미 쪽에서 근무하던 승조원들은 탈출하지 못한 상태에서 3월 27일 새벽 01시 37분경에 완전히 침몰되었다. 피격 후 해군 고속정 4척이 사고발생 30여 분 만에 구조를 위해 출동하였으나 높은 파고 등으로 인해 구조가 제대로 되지 않은 상태에서 사고발생 70여 분에 출동한 해경 경비정이 함께 구조 활동을 펼쳤다.

국방부가 천안함 피격사건 발생부터 조사결과 발표에 이르기까지 약 4개월(2010.3.26.~2010.7.31.) 동안의 언론보도를 분석한 바 있다. 분석 결과에 의하면, 사건 발생 초기 1주일 동안 신문, 방송의 언론보도는 대부분의 지면과 뉴스가 천안함 사건 관련 단일 보도로 채워졌다. 신문매체(중앙일간지)는 평균적으로 전체 발행 지면의 1/2 가량이 천안함 사건 관련 기사였으며, 기사 수로는 1일 평균 최대 20~30개의 관련 기사를 보도하였다. 지상파 방송 3사(KBS, MBC, SBS)의 TV뉴스가 메인 뉴스 시간 전부를 천안함 사건 관련 단독 기사로만 편성된 경우도 있었으며, 1일 평균 뉴스시간의 60%(KBS 63.4%, MBC 59.7 %, SBS 60%)가 관련 뉴스로 편성 보도되었다. 특히 초기 2주일 동안 저녁 메인 뉴스 시간에서만 방송 3사가 708건을 보도하여 1일 평균 50.5건을 보도하였다.

언론의 최초 보도는 YTN이었다. 사건 발생 당일인 2010년 3월 26일 밤 22시 24분에 YTN이 최초로 "백령도 서해상에서 초계함 침몰 중"이라는 자막보도를 하였다. 이후 여타 방송 및 인터넷 온라인을 통해 속보가 이어졌고, 곧이어 KBS, MBC, SBS, YTN, MBN 등 주요 방송사는 국방부에 중계차를 설치하고 생방송 보도를 하였다.

국방부에는 수많은 취재 기자가 일시에 몰려들어 혼잡한 상황에서 출입인원에 대한 통제 및 집계에 어려움이 있었다. 사건 초기 한 달간 국방부 취재 및 중계를 위해 출입한 기자의 숫자는 공식적인 집계만으로도 평소 국방부 출입기자 26개 매체 36명 외에 추가로 1일 최대 120여 명까지 증원되었다.

이에 국방부는 취재진들의 혼잡과 과도한 취재경쟁을 방지하고자 모두 3차례에 걸쳐 공동취재단을 구성 · 운영하였다. 1차 공동취재는 4월 7일 국군수도병원에서의 합동조사단의 중간조사 결과를 발표할 때 26개 매체 50여 명으로 구성되었다. 2차 공동취재는 4월 15일 함미인양작전 취재를 위해 16개 매체 32명이 구성되었다. 3차 공동취재는 4월 24일 함수인양작전 취재를 위해 백령도에서 취재 중이던 현장 취재기자단이 자체적으로 구성하였다.

그 외에도 평택의 해군 제2함대사령부에 41개 매체 200여 명, 백령도에 37개 매체 170여 명, 국군수도병원에 8개 매체 40여 명 등, 1일 취재기자가 최대 550여 명에 이르렀으며, 인천 해양경찰청 등에서 취재한 기자까지 포함하면 이보다 훨씬 더 많았다.

특히 지상파 방송사들은 국방부와 해군 제2함대사령부, 백령도에 각각 별도의 중계차를 설치하여(특히 백령도 해역에서는 고성능 망원 카메라를 설치) 일부 주요 뉴스 시간대에는 세 곳을 연결하는 3원 생방송 체제로 천안함 사건을 집중적으로 보도하였다.

사건 발생 초기 미처 상황 파악이 되지 않은 채 천안함은 함수와 함미가 분리되어 침몰되었고, 일부 생존한 장병들도 어떤 상황이 발생한 것인지 알 수가 없는 혼란한 상태에서 실종된 장병들에 대한 탐색구조 활동이 경황 없이 진행되어 군과 언론에서도 공히 관련 정보를 획득 또는 확인하는 일이 제대로 되지 않았다. 그러나 언론은 언론 본연의 알리는 기능에 대한 이슈 선점과 국민의 알권리 구현 차원에서 사건 관련 정보가 거의 없는 상태에서도 사건에 대한 실시간 속보와 각종 특집보도를 통해 경쟁적으로 보도하였다. 이에 온 국민의 눈과 귀는 천안함 사건에 매몰되어 있었다.

사건발생 초기에 사건의 실체(fact)를 알지 못하는 상황에서 일부 언론은 실종자 가족으로 위장하여 해군 제2함대사령부와 백령도 현장을 방문하는 군함에 잠입 취재하여 보도를 함으로써 여타 언론사의 거센 항의가 있었고, 이때부터 언론간의 취재 경쟁이 심해지고 갈등이 증폭되기 시작했다.

당시 언론의 취재 및 보도 행태는 전례를 찾아보기 어려울 정도로 경쟁과 혼란이 심했다. 국방부에서 취재하는 기자들은 기존의 국방부 출입기자 외에 추가로 증원된 기자가 회사별로 평균 2~3명씩 보강되었는데, 이들 중 일부는 며칠 간격으로 수시로 교체됨으로 인해 국방 분야나 이 사건의 특수성에 대해 제대로 이해를 하지 못한 채 회사에서 지시된 기사를 송고하느라 많은 애를 먹기도 했다.

또 회사에서 지시한 기사분량을 채우기 위해 확인된 일부분의 사실(fact)을 토대로 상당부분은 확인되지 않은 것을 가공한 추측보도, 인터넷에 떠돌아다니는 유언비어 수준의 가십과 네티즌들의 댓글을 발췌 인용한 보도, 사건과 관련이 없는 정보원(source)의 발언이나 주장 등을 확대 재생산하는 보도, 섣부른 예단과 자의적인 추정에 의한 보도, 선정적이고 자극적인 감성에 치우친 보도는 물론, 같은 언론사 내에서도 앞뒷면의 보도 관점이 서로 상반되는 경우도 있었다. 그만큼 언론사들은 속보경쟁과 이슈선점에 내몰리고 있었다.

정보의 축차적 공개, 불신의 원인

YTN의 자막보도 이후 여타 언론의 빗발치는 문의가 이어졌으나 군은 최초 사실관계가 파악되지 않은 상태라서 답변해 줄 수 있는 정보가 없었다. 사건 발생 두 시간 정도가 경과한 3월 26일 23시 30분에 팩트를 확인해주는 1차 보도자료를 합동참모본부에서 발표하였다.

1차 보도자료
21:45분경 백령도 서남방 해상에서 임무수행 중이던 아 함정의 선저가 원인 미상으로 파공되어 침몰 중에 있어 인원 구조 중임

곧 이어 3월 27일 00시 15분에 다음과 같은 2차 보도자료를 발표하였다.

2차 보도자료
구조인원 58명, 아 초계함가 경비정이 구조 작업 실시 중. 초계함 레이더상에 미상 물체가 포착되어 5분간 경고 사격, 새떼로 추정

두 차례의 보도자료로 팩트가 조금씩 알려지자 기자들의

궁금증과 문의는 더욱 가열되었다. 이에 따라 2차 보도자료 제공 후 곧바로 3월 27일 00시 23분에 합동참모본부 해군 준장이 국방부 출입기자실에서 최초 브리핑을 하였다.

브리핑 요지
파공형태는 알 수 없으며, 현재 상황에서 북한 소행으로 단정할 수는 없다. 침몰 위치는 백령도 서남쪽 1마일 정도 해상이며 현재 거의 침몰상태에 있고, 인명구조에 최우선을 두고 구조하고 있다.

한편 사건발생 직후 네이버, 다음 등 인터넷 포털 사이트와 개인 블로그, 트위터 등 SNS를 통해 사건과 관련한 온갖 종류의 근거 없는 주장과 의견들이 유포되었다. 국방부는 초기에는 국방부 홈페이지를 통해 해명자료와 입장을 발표하였으나 실시간으로 유포되는 SNS에 대응하기에는 한계가 있었다. 이에 국방부 자체 블로그와 트위터 등을 통해서 오 · 왜곡보도에 대한 해명 및 대응에 나섰으나, 인터넷 등 온라인을 통해 제기되는 각종 추측과 의혹, 유언비어는 수그러들지 않았다.

사건발생 초기(3.27~4.3)에 자료 공개와 관련하여 군과 언론 간에 첫 갈등이 촉발된 것은 KNTDS(Korean Naval Tactical Data System 해군전술자료처리체계)에 남아있는 천안함과 해군 제2함대사령부와의 교신일지 공개를 둘러싼 논쟁이다. 일부 언론과 정치권은 '천안함의 교신일지를 공개하지 않는 것은 무언가 은

폐의도가 있는 것 아니냐'며 의혹을 제기하였으나, 군은 '교신일지는 우리 해군의 운영체계와 암호체계 등이 노출될 우려가 있는 군 기밀사항이므로 절대 공개할 수 없다'는 명분으로 공개를 거부하였다. 최종적으로 국방부장관이 직접 출입기자들에게 '교신일지는 공개할 수 없는 자료'임을 설명하고 언론의 이해와 협조를 당부하면서 일단락되었으나 앙금은 여전히 남아 있었다.

군과 언론의 두 번째 갈등은 TOD 영상기록과 관련한 것이었다. 군은 처음에는 TOD 영상은 군사비밀이기에 언론에 공개가 불가하다는 입장이었으나 여론의 압박에 밀려 조금씩 축차적으로 공개함으로써 은폐 의혹과 불신을 낳게 되었다. 즉 TOD 영상의 공개는 영상자료의 내용 자체보다 3차례에 걸친 입장 번복에 따른 축차적 공개였다는 점에 있어서 군의 신뢰도에 문제를 제기하게끔 만들었고 군과 언론 간에 갈등과 논란의 단초를 제공하게 되었다.

천안함 피격 보도, 팩트와 이데올로기

천안함 피격사건에 대한 군과 언론의 커뮤니케이션 과정은 많은 문제점이 있었다. 언론은 사실보도, 객관보도, 사회통합적인 보도보다는 추측성 보도, 감성적 보도, 한 건 위주의 폭로성 보도 등 사회적 갈등 조성과 심리적 불안감을 낳게 하는 보도가 많았다. 즉 대형 사건사고나 재해재난사태

보도에서 나타나는 문제점이 군사적 위기 상황에서도 그대로 나타났다.

뿐만 아니라 언론사의 이념적 성향에 따라 사건을 보는 관점이 정치적, 이념적 편향성이 개입된 보도로 인해 국민을 더욱 혼란스럽게 했다. 즉 천안함 피격의 주체인 북한의 소행에 대한 보도태도를 놓고 진보성향의 매체와 보수성향의 매체 간 상반된 프레이밍(framing)과 이념적 성향에 따라 서로 관점이 다른 방향에서 보도함으로써 팩트가 이데올로기의 도구로 변질되고, 정치 쟁점 및 정치 도구화되기도 하였다.

이러한 경향은 군과 언론 간의 갈등은 물론 심지어 언론 상호 간의 갈등을 불러일으키고, 나아가 군에 대한 국민의 불신과 불안감의 초래 및 여론의 분열로 이어지는 원인이 되었다.

여기에는 근본적으로 언론의 계속되는 의혹 제기와 비판 여론에 밀려 군이 수세적인 브리핑과 정보공개를 한 한 데에도 책임이 있다. 예를 들면 군은 사건 발생 시각에 대해 세 차례 수정발표를 하였다. 최초에는 사건 발생 시각이 21시 45분이라고 발표(3월 27일)했다가, 21시 30분으로 수정 발표(3월 28일)하고, 국회 보고에서는 21시 25분으로(3월 29일), 민군 합동조사단의 조사결과 발표(4월 1일)에서는 21시 22분로 최종 수정하였다.

백령도 해안 초소에서 촬영된 TOD(Thermal Observation Device 열영상 관측장비)의 동영상 녹화 기록물의 축차적 공개 또한 불신의 원인이 되었다. 군은 처음에는 2010년 3월 30일에 40초짜리 영상을, 이어 4월 1일에 40분 분량의 영상을, 4월 7일에는 3시간 10분 분량의 영상이 있다는 사실을 공개하였다. 그 세부 과정은 다음과 같다.

3.27(토)오후 당시 국방부장관이 사건이 발생한 백령도 해병 6여단을 방문하고 와서 국방부 출입기자들과의 간담회에서 "TOD영상을 보니 처음부터 함미와 함수가 분리되었더라"고 언급함으로써 언론이 인지하게 되었다. 그 후 3.30(화)에 한겨레 신문이 1면에서 'TOD영상이 있다'고 보도함에 따라 기자들이 영상의 공개를 요구하였으나, 국방부는 "TOD영상은 적 침투 및 감시를 위한 첩보수집자산으로서 비밀로 분류되어 있는데, 영상을 공개시 수집자산의 수준이 노출될 우려가 있어 공개가 곤란하다"는 이유로 공개하지 않았다.

그러나 기자들의 끈질긴 요구에 국방부는 3.30일 오후에 함수와 함미가 분리되는 순간이 가장 핵심 장면이라고 판단하고 분리되기 전후의 장면 위주로 80초 분량을 편집하여 1차 공개하였다. 그런데 다음 날인 4.1(목) 언론 보도의 대부분은 '영상자료를 완전히 공개하지 않는 것은 뭔가 숨기려는 것이 있기 때문일 것'이라는 의혹을 제기하였다. 이에 따라 국방부는 '숨기거나 은폐하려는 것이 없다는 것'을 증명해 줄 필요가 있음을 인식하고, 4.1(목) 오후에 기자들이 원하는 대로 공개하기로 결정하여 국방부 브리핑룸에서 40분 분량의 영상을 2차로 공개하였다.

그 후 4.7(수)국군수도병원에서 천안함 합동조사단의 중간 조사 결과 발표 시 TOD의 영상자료에 이미 공개한 수동녹화 영상 말고도 TOD서브에 '자동녹화기능'(DVR)이 있다는 사실을 TOD제작사의 전문가를 통해 뒤늦게 알고 최종적으로 3시간 10분 분량의 영상을 3차로 공개하였다.

군, 군사비밀의 울타리에 스스로 갇혀
명분도 실리도 잃어
언론, 명백한 팩트를 근거 없는 억지와
괴담론자의 주장을 싣기도

천안함 피격 사건의 팩트는 간단하고 분명한 단 하나의 사실이다. 북한군의 어뢰 공격을 받아 우리 해군 함정이 두 동강으로 폭파되었고 많은 장병들이 전사했다는 것이다. 결과는 단순하고 명백한데 이것을 증명해 내기까지의 절차는 어렵고 힘든 과정을 겪었다. 이는 마치 어떤 사건에서 검거된 범인의 자백을 통해 사건을 재구성하는 것만 해도 여러 가지 의문과 궁금증이 있어 쉽게 풀리지 않는데 이 전대미문(前代未聞)의 사건을 은폐하려고 하는 것을 증명해 내는 것이 결코 쉬운 일이 아니었기 때문이다.

언론은 팩트와 이데올로기가 혼재되었고, 군은 군사보안과 국민의 알권리 보장의 한가운데서 좌고우면했다. 군은 TOD영상은 군사비밀이기에 언론에 공개가 불가하다는 입장이었으나 여론의 압박에 밀려 조금씩 축차적으로 공개함으로써 은폐했다는 의혹과 불신을 낳게 되었다. 사실을 은폐했다는 군과 언론 간의 갈등과 논란의 단초를 제공하게 되었다.

당시 군은 '군사비밀'이라는 소아적인 울타리에 스스로를 가두어 '국민의 알권리 보장'이라는 대승적인 지혜와 결단력을 보여주지 못해 언론의 불신과 국민들의 궁금증을 해소하는 데 미흡하였다. 결과적으로 더 큰 불신을 자초하게 되었다. 비록 1급 비밀로 분류되어 있을지라도 절차를 거쳐 공개하면 되는 문제를 움켜쥐고 있다가 명분도 실리도 다 잃은 셈이 되고 말았다.

해군 함정이 북한의 어뢰공격을 받아 피격되었다는 팩트는 천우신조(天佑神助, 하늘과 신령이 도움)로 북한의 어뢰 추진체를 건져 올림으로써 명명백백하게 만천하에 드러나게 되었다. 이는 수십 년간의 해상 조업 경험이 있는 어민들의 조언을 받아 당시 피격 현장 부근을 바둑판처럼 일일이 구획하여 쌍끌이 어선으로 해저를 샅샅이 훑어서 건져 올린 것이다.

그러나 이러한 결정적인 스모킹 건(smoking gun, 범죄 · 사건 따위를 해결하는 데 결정적으로 작용하는 확실한 증거)에 대해서도 당시 일부 음모론자들은 '어뢰 추진체를 몰래 바다 밑에 갖다 놓았다가 건져 올린 것 아니냐'고 허황된 주장을 하기도 했다. 그들은 아마도 북한이 스스로의 잘못을 시인한다 하더라도 그럴 리가 없을 거라고 목소리 높일 사람들이라는 생각이 들 정도였다.

그들의 주장에 대해 일부 언론이 동조하는 관점에서 보도하기도 하여 국민들을 호도하는 경우도 있었다. 객관성과 이성으로 팩트를 취급해야 하는 언론이 이데올로기의 노예가 된 듯한 보도태도를 취하기도 하였다. 과학으로 증명하고 객관으로 취급되어야 할 팩트를 근거가 없는 신념과 사상에 얽매여 억지 주장을 하는 일부 괴담론자들에 대해서는 황당하고 질릴 정도였다.

비록 10여 년이 지났지만 천안함 피격과 같은 기괴한 군사적 도발과 위협은 지금도 형태를 달리하여 재연될 소지가 얼마든지 일어날 수 있다. 따라서 이제는 군과 언론 모두의 성숙된 보도 태도와 위기 커뮤니케이션이 필요하다. 국민을 위해, 시청자 · 독자를 위해 존재하는 군과 언론의 상생을 위해서도 꼭 필요한 일이다.

연평도 포격전과 불타는 k-9 자주포

* 실제 k-9자주포는 불타지 않았고, 화염에 휩싸였다.

주민보다 언론이 더 많은 연평도 현장

'연평도 포격도발 사건' (이 명칭은 10여 년간 '연평도 포격도발 사건'으로 명명되다가 2021년 11월 해병대사령부의 건의를 받아 국방부가 승인하여 '연평도 포격전'으로 개칭하였다)은 2010년 11월 23일 오후 2시 34분경 연평도에 위치하고 있는 해병대 연평부대가 공해상으로 k-9 자주포 사격훈련을 하던 중에 북한이 해안포 기지에서 기습적으로 방사포 170여 발을 연평부대 주둔지와 연평도 민간시설에 포격을 가해온 사건이다.

당시 해병대 연평부대는 80여 발의 대응사격을 하였고, 남북한 간의 포격전은 오후 3시 41분까지 1시간 7분 동안 각각 두 차례씩 있었다. 이 사건으로 인해 해병 2명이 전사하고, 16명이 부상당했으며, 연평도 주민 2명 사망, 4명 부상, 연평도 주민 가옥 118채가 파손되는 피해를 입었다.

이 포격전은 북한이 6.25 전쟁 이후 대한민국 영토와 민간시설에 직접적으로 공격을 가해 온 최초의 사건으로서 당시 국내 언론은 물론 국제적으로도 관심이 큰 뉴스였다. 사태 발생 초기인 11월 23일부터 11월 30일까지 국방부에 200여 명, 연평도 현지에 200여 명, 국군수도병원에 60여 명의 내 · 외신 기자가 경쟁적으로 취재 · 보도하였고, 12월 1일부터 12월 4일에는 국방부에 40여 명, 연평도에 70여 명(방송 6개 매체 29명, 신문 · 통신 · 외신 23개 매체 41명)의 기자가 취재하였다.

당시 언론은 연평도 곳곳에서 개별적으로 취재하였고, 군의 안내 및 통제는 제대로 이루어지지 않았다. 방송은 최초 6개사 140여 명이 개별 취재를 하다가 군의 거듭된 협조 요청에 따라 자발적으로 6개사 24명으로 공동취재단을 구성하여 연평도에 잔류하고 그 외 120여 명은 11월 30일에 연평도에서 철수하였다. 신문 21개 매체 30여 명과 통신, 외신, 인터넷 매체 8개 매체 20여 명의 기자들은 중앙지 · 지방지 · 통신 등 매체별 속성이 상이하여 초기에는 공동취재단을 구성하지 못하였다. 연평도에서 전반적인 상황이 정리된 이후(12.1~12.4)에는 방송 6개사 24명, 신문 11개사 14명, 통신 · 외신 7개사 10명 등 모두 24개사 48명이 취재하였다.

사태 발생 직후 북한의 추가도발이나 포격이 있을지도 모르는 상태라서 주민들은 배를 타고 연평도를 빠져 나오는 반면에 언론은 취재를 위해 여객선이나 관공선을 타고 들어가는 등 현장은 어수선했다. 당시 언론의 취재와 군의 통제가 얼마나 어수선하고 혼란했는지는 현장에서 취재한 기자들도 같이 공감을 할 정도였다.

취재하는 언론 입장에서는 군사작전의 특성상 군의 통제와 협조 요청에 응해주어야 하는 것이 합당한 것이지만 타 언론과의 취재 및 속보 경쟁으로 인해 이러지도 저러지도 못하는 상황에 갈등하게 되었다. 그러한 가운데 군의 통제와 거듭되는 취재 제한 조치에도 불구하고 연평도 현장에서는 기자들이 야간이나 새벽 등 심야시간에 잠복해서 군 작전 병력의 이동 상황이나 또는 배치된 무기나 장비, 진지, 초소 동향 등을 보도하여 군과 마찰을 빚는 일이 종종 발생하였다.

언론의 취재경쟁과 군의 속수무책

포격전이 발생하자 모든 언론은 비상속보 체제로 들어가 취재 경쟁을 벌였고, 국방부와 연평도 현장에서 취재하는 많은 내외신 기자들에 대해 사태 발생 초기 1주일간은 통제가 제대로 되지 않았다. 언론사는 각각 관공선이나 화물선을 타고 연평도에 취재진을 들여보냈고, 군은 이를 막고자 하였으나 언론의 취재의욕과 기민함에는 역부족이었다. 국방부 브리핑 룸에서는 매일 정례 브리핑을 통해 작전 진행 사항과 후속조치에 대해 설명하였고, 연평도에서는 연평면사무소에 '현장합동보도본부'를 설치하여 현장 취재와 관련된 방침이나 통제 등 유의사항에 대한 협조와 현장조치를 하였다.

6.25전쟁 이후 초유의 포격사태에 따라 군은 사건 발생 당일인 11월 23일 오후 4시에 '진도개 1'을 발령하여 경계 태세

(군의 경계태세는 적의 침투 규모 또는 침투가 예상되는 정도에 따라 경계태세를 강화하기 위하여 '진도개 1'(경계태세 1급) '진도개 2'(경계태세 2급) '진도개 3'(경계태세 3급)으로 구분한다.)를 1급으로 강화하였다.

인천시는 11월 23일 오후 5시 20분에 옹진군 연평면 일대에 '통합방위 을종사태'(통합방위사태는 적 침투 및 도발 수준, 대상지역을 고려하여 그 정도에 따라 갑종, 을종, 병종 사태로 구분하여 선포한다)위를 선포하였다.

옹진군은 11월 29일 12시에 연평도 전역을 '통제구역'으로 설정하였다. (통제구역은 통합방위법에 근거한 것으로서, 통합방위사태가 선포되거나 경계태세 1급이 선포된 경우에 해당 지역 지방자치단체장이 설정하는 것으로 '작전과 관련이 없는 주민이나 기자 등의 출입금지나 퇴거를 명할 수 있는 조치이다.)

당시 연평도 전역을 통제구역으로 설정한 것은, 11월 28일 12시경 해병대 연평부대장의 건의를 받은 인천광역시장이 옹진군수에게 통제구역 설정 권한을 위임함에 따라 옹진군 통합방위협의회의 의결을 거쳐 연평면(연평도는 행정구역상 옹진군 연평면에 해당한다) 전 지역에 선포되었다. 사태 발생 6일 만이다. 너무 오랜 시간이 걸렸다. 이렇게 사태 발생 6일 만에 군은 연평도에서 취재 중인 기자들에게 통제구역으로 선포되었음을 공지하고 자발적인 철수와 협조를 요청할 수 있는 근거가 생기게 되었다.

연평도 현장의 취재 기자들은 각각 소속사의 지시를 받고 취재하기 때문에 철수문제나 군 협조 요청에 대해 임의로 결정을 내리고 답할 수 있는 위치가 아니었다. 이에 따라 국방부는 모든 언론사를 대상으로 연평도에서 취재 중인 기자들의 철수와 아울러 공동취재단 구성에 협조해 줄 것을 요청하는 공문을 편집국장, 보도본부장 앞으로 2차례에 걸쳐 보냈다.

협조 요청문의 요지는 다음과 같다.
'연평도에 통합방위 을종 사태가 선포되어 있고 군사작전을 수행중이며, 한미해상훈련을 빌미로 북이 어떤 도발적인 행동을 할지 예측할 수 없는 상황이므로,
군사작전의 안정적인 수행과 취재기자들의 안전을 위하여 11월 28일 중으로 취재기자들을 연평도에서 철수시켜 주기 바람.
 연평도에서의 공동취재단 구성은 국방부 출입기자단 및 현지 취재기자들과 협의하여 검토하겠음'

이에 대해 당시 경향신문 인터넷판 보도는 국방부의 입장과 언론의 입장에서의 갈등이 생기는 배경을 잘 나타내주고 있다.

경향닷컴(2010.11.28)은 다음과 같이 보도하고 있다. "국방부 관계자는 '(철수 통보는) 권고 수준이 아니라 강제 철수 형식의 통보임을 강조한다.'고 말했다. 하지만 (이에 대해)현지 취재진은 '연평도에 31명의 주민이 남아 있고, 전쟁터에서도 취재를 금지하는 일은 없다'며 강하게 반발했다. '국방부가 군사작전 수행과 취재진의 신변안전을 이유로 철수를 통보했지만, 이는 국민의 알권리를 가로막는 언론통제가 될 수 있다는

것이다." 국방부는 연평도 취재 기자들의 철수를 위해 해경정과 민간 화물선을 미리 협조해 놓고 기자들의 철수를 시도하였으나 실제 철수는 이루어지지 않았다. 이에 대해 동일자 경향닷컴에는 다음과 같이 보도하였다. "국방부는 이날 오후 7시 기자 철수용 인천행 함정을 준비했으나, 연평도에 체류 중인 취재진 150여 명 중 17명만 탑승하러 나오자 '파도가 높다'는 이유로 운항을 취소했다."

국방부 출입기자들에게는 3차례에 걸쳐 군 작전상황이나 전력배치 등 군사보안 사항이 노출되지 않도록 관련 보도를 자제해 달라는 협조요청을 하였으나, 언론사 간의 취재 경쟁으로 인해 실효성은 없었다.

2010.11.29, 협조 요청문의 요지는 다음과 같다.

최근 북의 연평도 포격도발과 관련하여 군의 작전 상황이나 전력증강 배치 등의 내용이 여과 없이 무분별하게 보도되어 군사사항이 노출되는 등 적을 이롭게 하는 결과를 초래하고 있음. 국민의 알권리를 위한 여러분의 노력은 전적으로 존중하고 공감하고 있음. 그러나 군사 시설이나 무기, 장비, 작전사항, 전력배치, 군사정보사항 등에 대해서는 신중하고 분별 있는 보도를 당부드림

한편 군은 언론의 군사보안 위반 보도에 대해서 공식적인 대응을 하기에는 시간적인 여유와 절차적인 번거로움이 있어 미온적으로 대처했다. 즉 특정 언론의 보도가 군사보안 위반이라고 판단되어 법적인 대응을 하려면 그 구체성이나 위반요건이 충분히 갖춰졌는지 여부를 확인해야 하는 등 대응절차 면에서 시간이 오래 걸리는데 당장의 위기 현안에 대한 공보대응과 조치가 무엇보다 중요하고, 또한 무엇보다도 언론에 대한 협조와 당부를 통한 재발 방지가 당장의 급선무였기 때문이다.

군은 '통합방위법'을 적용하여 언론의 취재를 제한하고자 했으나 당시 상황과 여건에서는 이 법을 적용하기가 곤란한 상태였다. 즉 통합방위법을 적용할 수 있는 근거가 되는 통합방위사태의 선포나 또는 통제구역 설정을 위한 법적 절차를 거치기도 전에 이미 수많은 국내외 신문·방송·통신 매체들이 연평도에 도착하여 경쟁적으로 취재하고 있는 상황에서 취재 통제와 제한을 가하는 것이 상황상 맞지 않았다. 또한 법적 절차를 제대로 거치지 않고 임의로 언론을 통제하는 것은 군과 언론 사이에 또 다른 갈등과 마찰이 발생할 우려가 있었다. 한편으로는 법적 절차를 거친 후에도 군이 언론의 취재와 보도를 제한하기보다는 중대한 군사상황으로 인해 국민의 생명과 재산이 위협받는 상황에서 국민의 알권리를 위한 공보조치가 중요하다는 점도 고려되어 강제적인 통제를 하지 않은 측면도 있다.

화염속의 K-9 자주포 사진, 촬영과 공개의 막전막후

국방부는 매일 정책실 주관으로 대내 위기관리 커뮤니케이션 형식의 '공보전략 회의'를 운영하여 브리핑과 취재지원 등 언론에 제공해야 할 사항들에 대해 논의하였다. 그러나 언론에 정보를 제공해야 할 보도자료 가운데 시급하고 중요한 사안에 대해서는 회의체를 통해 논의하기에 시간적으로 촉박하거나 또는 결재권자의 지침과 의도를 정확히 알아야 할 경우에는 국방부장관에게 직접 보고하고 결심을 받았다.

국방부장관에게 직접 결심을 받은 사항 중에는 '화염 속에서 방탄 헬멧이 불에 붙은 채 k-9 자주포를 운용하는 병사의 사진' 공개가 대표적인 예이다. 당시의 급박하고 중대한 도발 현장을 증명해주는 이 사진은 언론에 제공됨으로써 전 세계에 북한군의 도발이 생생하게 보도될 수 있었다. 이 사진은 당시 해병 연평부대 정훈장교가 촬영하였다. 그는 사전에 계획된 k-9 사격훈련의 '자체 홍보용 사진'을 찍기 위해 자주포 포진지로 이동하는데 갑자기 북쪽에서 포가 날아와 포상에 떨어져 불이 붙고 화염에 휩싸인 생생한 상황을 바로 눈앞에서 목격하고 언덕배기에 몸을 낮추고 엎드린 채 반사적 신경으로 카메라 셔터를 눌렀다. 그 순간 그는 이 사진이 전 세계로 퍼져나가는 역사적 한 장면이 될 것이라고는 생각지 못했을 것이다. 오로지 자기 직무에 충실했을 뿐이고, 훈련 '홍보용 사진 촬영' 하러 나갔다가 북한 도발 현장의 '생생한 목격자'가 된 셈이다. 어쨌든 그때 그 사진 한 장은 무엇과도 비교할 수 없는 귀중한 가치를 지니고 있는 역사의 한 장면이 되었다.

이렇게 극적으로 촬영한 생생한 도발증거가 되는 사진의 공개 과정은 긴박했다. 결과적으로는 직접 국방부장관의 결심을 받아 공개되었지만, 사전 토의 과정에서는 찬반 의견이 엇갈렸기 때문이다. 사태가 발생한 다음 날 오후 2시경 해병대사령부 공보실장이 중요한 현장 사진이 몇 장 있다면서 핸드폰으로 보고해왔다. 사진을 받아 보는 순간 두 눈이 번쩍 뜨였다. 즉각 공개해야 된다는 생각이 들어 윗선으로 보고하고 즉시 주요 직위자 긴급회의를 열어 논의하였다. 그런데 예상외로 언론공개 여부에 대한 찬성과 반대 의견이 분분해 시간이 지체되었다. 각각의 이유와 논리는 다 일리가 있었다.

그러나 공개해야겠다는 생각이 강했던 나로서는 만일 공개가 안 되거나 공개가 되더라도 시기가 늦어져 타이밍을 놓치게 되면 곤란한 상황이 발생할 수 있다는 공보적 판단이 들었다. 안되겠다 싶어 나는 "여기 있는 우리는 의사결정권자가 아니므로 장관님께 바로 결심을 받자"고 제의하였다. 이에 나를 비롯한 핵심 관계자 3명이 바로 장관에게 달려가 사진 촬영 및 입수 과정과 토의결과에 대해 보고하니, 장관은 두 번을 반복해서 넘겨보고 "지금 즉시 공개하라"고 지시하였다.

만일 장관에게 결심 받기 전 자체 토의에서 찬반 의견이 분분하다고 해서 계급과 직책이 낮은 위치에 있던 내가 '예 알겠습니다' 하고 미적거리고 가만히 있었으면 두고두고 후회가 될 사안이자, 추후에 많은 논란과 아쉬움을 낳게 되었을지도 모른다. 은폐 의혹이라든지 정무적 판단 부족이라든지 국민의 알권리 배반이라든지 등등 많은 질타를 받았을 것이다. 지금 생각해도 당시에는 좀 당돌하게 여겨졌을지 모르지만 참으로 옳은 행동이자 잘한 주장이었다고 생각된다.

이 k-9 자주포 사진 촬영과 공개는 결과만 놓고 보면 아주 단순하고 지극히 당연한 공보사안이다. 그러나 그렇게 되기까지의 과정은 단순하지 않다. 이 한 장의 사진으로 인해 당시 국내외 모든 언론의 관심과 초점은 국방부로 쏠리게 되었고, 내외신 기자들을 연평도 현장으로 달려가게 만들었다. 이 사진 공개로 국방부 기자들은 가치있는 보도자료를 적시에 제공해 준 데 대해 높이 평가해 주었고, 기사작성에 대한 고민을 한 방에 없애주게 되었다며 고마워했다. 오랜만에 갈등 없는 군과 언론 사이가 되었다. 사진 한 장이 주는 의미와 상징은 매우 컸다.

전투지역 취재를 위한 군과 언론의 전문교육 필요성

당시 대다수의 언론은 국민의 알권리를 위한 속보경쟁으로 인해 취재 기자들에게 최소한의 안전장비나 사전 지식도 없는 상태에서 현장 취재에 임하게 했다는 점에서 현장 기자들도 애로사항이 많았다. 이러한 상태에서 취재기자들에게 군의 요구에 순리적으로 협조하고 통제대책에 응해주기를 기대하기는 곤란했다. 군도 언론에 대한 취재 지원 및 통제 대책이 조화롭게 병행되이야 했는데 그러시 못했다. 군은 해병대사령부에서 급히 연평도로 증원된 공보장교 몇 명이 취재 기자들을 눈에 띄는 대로 찾아다니면서 인적 사항을 파악하고 식별표지를 배부하며 집계하는 정도였다. 이러한 상태로 인해 옹진군수의 통제구역 선포 이후에도 공동취재단을 구성하거나 또는 북한군의 추가 포격의 위험이 있는 좁은 지역에 과다하게 집중되어 있는 취재진들을 안전 차원에서도 철수시켜야 하는데 이마저 제대로 되지 않았다.

당시 연평도 현장에서 취재하는 기자들도 중대한 군사상황에서 언론의 무분별한 취재와 보도는 문제가 많다는 것을 스스로가 인식하고 군에서 분명한 언론통제 및 지원 대책을 세워줄 것을 요청하였다. 군과 언론이 서로의 입장은 이해를 하나 각각의 요구를 들어줄 수 없는 긴박한 상황에서 사전에 준비 없는 대응이 혼란과 무질서를 초래하였다고 볼 수 있다. 한편 외신 기자들은 현장에서 방탄조끼에 헬멧 까지 착용하고 취재하는 등 국내 취재진들 보다 훨씬 준비가 잘되어 있었다는 것이 현장에서 취재한 대다수 기자들의 평이다.

연평도 현장에서 방송사는 기자들 간의 자체 협의를 통해 공동취재단을 구성하였다. 그 외 매체들은 각기 다른 여러 형태의 신문(중앙지, 지방지), 통신, 인터넷 매체가 개별적으로 취재 및 보도경쟁을 하느라 협의가 되지 않아 공동취재단을 구성하지 못했다. 군도 이를 조정통제하지 못하였다. 이에 대해 당시 현장의 취재 기자들도 언론사별로 자체 취재 및 보도 매뉴얼이 필요하고, 군도 취재 허용과 제한 등에 대한 매뉴얼을 만들어 상호간에 합의점을 만들어 내야, 기자들 안전 문제도 논의될 수 있고, 종군기자단이나 전문기자, 혹은 공동취재단을 구성하는 문제, 군 취재에 대한 전문교육의 필요성 등을 제시한 바 있다.

한편 군은 일반 언론과는 별도로 자체 홍보 수단인 국방일보와 국군방송 기자로 구성된 군 기동공보팀 7명과 현지 촬영팀 4명을 구성하여 11월 24일 부터 11월 30일까지 운영하였다. 군이 기동홍보팀을 운영한 것은 자체 홍보는 물론, 취재기자들의 출입이 제한되는 지역이나 상황 또는 보안목적상 민감한 사항에 대해 사진 및 영상자료를 촬영하여 일반 언론에 제공하기 위한 목적에서였으나 실제 활용도는 낮았다. 대부분의 언론은 타 기관에서 제공받은 자료보다는 직접 취재한 자료가 더욱 가치가 있다고 여기기 때문이다. 당연한 이치이다. 앞으로 이런 부분은 과감히 발전시켜 나갈 필요가 있다.

연평도에 포탄 200여 발 떨어져
연평포격 전사자
하사 서정우
연평면 통합 방위사태 을종사태 선포

아덴만 여명작전과 엠바고 파기

해적들의 몸값 요구

'아덴만 여명작전'은 2011년 1월 15일 인도양 북부 소말리아 해역에서 소말리아 해적(13명)들이 우리 상선 삼호주얼리호를 납치, 인질로 잡아 몸값을 요구하는 상황에서 우리 선원들을 구출하기 위한 작전 명칭이다. 해군 특수부대 UDT가 수행한 구출작전은 작전요원과 선장 등이 해적들의 총격으로 큰 부상을 입기는 했으나 결과적으로 성공하여 피랍된 선원 21명 전원을 납치된 지 6일 만에 구출하였다.

당시 석해균 선장은 해군의 구출작전이 시작되자 해적들이 총격을 가해 목숨이 매우 위태로운 상태였으나 이국종 교수의 투철한 책임감과 군인정신을 뛰어넘는 생명존중의 의사정신 덕분에 기적적으로 생명을 건졌다. 1월 18일에 1차로 시도된 구출작전은 우리 요원 3명의 부상을 낳고 실패하였으나, 1월 21일 새벽 시간에 2차 구출 작전에 돌입하여 마침내 성공하였다.

1차 구출작전 실패와 엠바고 파기

국방부는 1차 구출작전을 앞두고 1월 17일에 출입기자단에게 엠바고를 전제로 하여 작전 진행에 대해 브리핑하였다. 엠바고 유지 하에 1차 구출작전을 1월 18일 야간에 시도하였으나 성공하지 못하였다. 이에 대해 1월 20일 삼호주얼리호 선박 소속사 지역의 지방 석간신문인 B일보가 '구출작전을 시도하였으나 실패'했다고 최초 보도를 했다는 소식이 알려졌다. 갑자기 국방부 출입기자들이 분주하게 움직였다. 각자 소속사에 보고하는 등 노트북을 열고 기사 쓸 준비에 들어가고, 대변인실에 엠바고 파기로 봐도 되느냐 문의해 오는 등 상황정리가 필요했다.

그러나 국방부 입장에서는 엠바고가 계속 유지되어야 2차 작전에 지장을 주지 않기 때문에 기자들에게 설득과 협조를 요청했다. 2차 구출작전을 준비 중인 상황에서 관련된 보도가 나가게 되면 한국발 뉴스에 귀를 기울이고 있을지도 모를 국제 테러 조직과 연계된 해적들에게 구출작전 시도가 알려질 수 있고 문제가 심각해질 수 있었다. 최악의 경우에는 피랍된 우리 선원들의 안전에 어떤 위해가 가해질지 장담할 수 없게 되는 것이다. 따라서 B일보 측에 즉시 보도를 철회할 것과 이것이 엠바고 사항임을 알려주었다.

이때가 낮 11시 40분쯤으로 곧 점심 시간인 데다가 이미 윤전기가 돌아갔고 초판은 배부 중에 있었다. 상황이 급하게 돌아가고 있고 정상적인 계통을 통한 조치로는 타이밍을 놓치게 될 것 같았다. 급한 대로 장관에게 보고하여 장관이 B일보 최고 경영진에게 전화로 협조를 당부할 것을 건의하였다. 이에 B일보는 인터넷판 온라인 신문에서는 기사를 내렸으나 인쇄 신문은 2만 5천여 부가 인쇄되어 일부는 이미 배부가 된 상태라서 어쩔 수 없고 아직 배부가 안 된 신문은 폐기하겠다고 하였다.

B일보에 이어 'A'매체와 'M'매체도 구출작전을 보도하였으나 별 반향이 없었고 자진 협조를 하여 크게 이슈화되지는 않았다.

그러나 어쨌든 결과적으로는 구출작전에 대한 엠바고는 일단 깨어진 상황이 되었다. 이에 따라 일부 기자들은 이미 타 언론에서 보도되어 엠바고가 깨어졌으므로 보도를 할 수밖에 없다는 입장을 전해 옴에 따라 국방부는 출입기자단과의 긴급 협의를 하였다. 이 자리에서 상당수의 기자들이 소속사별 데스크의 주문과 각자의 입장이 달랐기에 이미 기사를 작성해 놓은 기자는 바로 송신하기 직전에 있는 등 왈가왈부가 계속되었다. 이때 D일보의 모 기자가 엠바고를 유지하자며 다른 매체들이 쓰더라도 본인은 안 쓰겠다고 소신있게 주장하고 나섰다. 이에 여타 기자들이 잠시 침묵상태가 되더니 동조하는 매체들이 여기저기서 나오자 국방부 기자들은 마침내 엠바고를 그대로 유지하는 것으로 최종 합의하였다.

엠바고 유지와 작전성공, 손해배상 소송

엠바고는 유지되었고, 2차 구출작전은 1월 21일 야간에 돌입하여 작전 5시간 만에 마침내 피랍된 선원 전원을 구출하는 데 성공하였다. 작전 성공과 동시에 국방부는 언론에 알리고 구출작전의 전반적인 과정과 결과에 대해 상세히 브리핑하였다. 현장에서는 아덴만 여명작전이 성공하였고, 국방부 기자실에서는 엠바고 유지작전이 성공되었던 것이다. 작전이 모두 종료되고 나서 며칠 후 국방부장관은 각 언론사에 엠바고 유지로 작전이 성공할 수 있었음에 대한 감사의 편지를 보냈다.

아덴만 여명작전은 성공적으로 종료되었으나 B일보의 엠바고 파기로 인한 후유증은 컸다. 국민의 생명과 안전, 국익과 관련된 상황에서 언론이 약속을 어기고 보도함으로써 여타 언론의 질타와 항의가 쇄도함은 물론, 차후의 유사사례 방지를 위해서라도 B일보에 대해 강력한 조치가 있어야 한다는 목소리가 높았다. 이에 따라 국방부는 관계기관과의 협의를 거쳐 B일보에 대해 정부 모든 부처에 대한 출입중지와 보도자료 제공을 중지하도록 하는 공문을 보냈고, 이에 따라 B일보는 취재와 보도에 많은 불편을 겪게 되었다.

이렇게 되자 B일보(원고)는 국방부(피고)를 상대로 손해배상 소송을 제기했다. 소송 제기의 요지는 다음과 같다. '삼호주얼리호 구출작전에 대한 엠바고와 관련하여 B일보는 국방부 출입 매체가 아니기에 엠바고가 걸려 있었음을 알 수 없었다. 따라서 고의적인 엠바고 파기는 아니다. 이러한 상황에 대해 정부 각 부처와 기관에 B일보 소속의 기자들에게 출입 금지와 보도자료 제공을 중지하라고 요청하는 국방부의 공문은 언론 취재의 자유를 제한하고 B일보에 대한 명예훼손에 해당하므로 즉각 철회해야 한다'는 것이다.

결과적으로 이에 대한 법원의 판결은 B일보(원고)의 손해배상 소송 청구에 대해 기각 결정을 내렸고, B일보는 항소를 포기함으로써 사건은 종결되었다. 이 사건은 비록 원고 청구 기각으로 종결되었지만 언론의 엠바고와 관련한 가장 최근의 판결로는 주목할 만한 사법적 판단이라는 중요한 의미를 갖고 있어 앞으로 유사 사건에서 선례가 될 수 있다. 즉 국민의 생명과 안전, 국익과 관련된 보도에 있어서 언론의 엠바고 준수의 필요성 또는 엠바고의 구속력을 환기시켜 주는 사례이다.

제2연평해전과 월드컵 축구 4강 신화

제2연평해전 20주년

2022년 올해는 제2연평해전 20주년이 되는 해다. 20년 전인 2002년 6월은 월드컵 축구대회가 있었고 올해도 이제 몇 달 후 카타르에서 월드컵 축구 대회가 열린다. 이번 월드컵 대회는 영국 프리미어 리그에서 골 득점왕 손흥민 선수의 맹활약상으로 인해 축구 팬들은 물론 국민들의 기대와 관심이 더욱 크다. 우리 사회도 20년이 지나는 동안 많은 것이 바뀌고 발전되었다.

하지만 서해 바다는 여전히 그때 그대로이고 남북 간의 군사적 대치도 변함이 없다. 그러나 국민들 기억 속에는 20년 전 남북 해군 간 짧고 치열한 교전이 있었다는 사실에 대한 기억은 아득한 듯하다.

당시 집중포격을 당한 참수리 고속정 357호 정장 윤영하 대위(나중에 소령으로 추서됨)는 전투 중 중상을 입고 전사하였으며, 이에 부정장 이희완 중위가 정장을 대신하여 전투를 지휘하였다. 이희완 중위는 총상으로 한쪽 종아리의 근육을 잃은 상황에서 전투를 지휘하였다. 그 후 이 전투는《연평해전》이라는 제목으로 2015년 6월 24일에 영화로 개봉된 바 있다.

교전수칙과 장군의 브리핑

2002년 6월 29일 월드컵 축구 대회에서 우리나라가 최초로 월드컵 4강 신화 달성이라는 쾌거에 온 국민이 열광하고 있을 때 서해 연평도에서 남북 해군 간의 충돌이 일어났다. 이른바 제2연평해전이라고 하는 '서해교전'이다. 이 명칭은 추후 제2연평해전으로 개칭되었다.

제1연평해전은 1999년 6월 15일에 발생하였다. 북한해군 경비정 4척이 어선 20여 척과 함께 북방한계선(NLL)을 2km 침범함에 따라 우리 해군 고속정과 초계함 10여 척이 출동하여 북한해군 경비정 7척과 14분여에 걸쳐 전투를 벌였다. 이 전투로 우리 해군은 7명이 부상을 당했고, 북한 해군은 경비정 1척 침몰, 5척 파손, 사상자는 50여 명에서 130여 명이 발생한 것으로 추정되고 있다.

6월 29일 오전 10시 25분 무렵에 연평도 근해 북방한계선(NLL) 부근 해상에서 우리 해군 고속정(참수리 357호)에 북한 해군 경비정(등산곶 684호)이 기습 함포사격을 가해왔다. 약 25분가량 남북 해군 간의 군사적 충돌로 우리 해군 6명이 전사하고 18명이 부상당했으며, 북한군은 13명이 전사하고, 25명이 부상당했다. 전투가 종료되고 복귀 중에 우리 해군 참수리 고속정 357호는 침몰되었고, 북한군 초계정 등산곶 684호는 반파된 채로 예인되어 퇴각하였다.

제2연평해전 당시 우리 해군은 5단계의 교전 수칙 [경고방송→시위기동→차단기동→경고사격→격파사격] 순서에 따라 이른바 '밀어내기'식으로 대응하느라 피해가 컸다고 분석되었다. 이에 따라 교전수칙에서 '차단기동'을 없애고 [경고방송 및 시위기동→경고사격→격파사격]의 3단계로 단순화하였다. 당시 상황과 관련하여 합참 작전본부에서 모 장군이 브리핑을 하게 되었다. 브리핑 중에 모 기자가 교전수칙의 세부 절차에 대해서 질문을 하였다. 그 당시 교전 수칙은 군사 2급 비밀로 분류되어 있어 답변을 하려면 몇 가지 절차를 거쳐야 하는 사안으로서 공개적으로 답변할 사안은 아니었다.

모 기자의 질문으로 인해 브리핑하는 장군의 입장은 매우 곤혹스러운 상황이 되었다. 질문과 답변 사이에 몇 초간의 침묵이 있었는데 이때 "장군님 그것이 군사비밀이면 지금 공개적으로 답변 안 하셔도 됩니다" 라고 끼어든 공보장교가 있었다. 그 순간 브리핑실이 조용해지고 모든 시선이 한 곳으로 쏠렸다. 결국 그 장군은 "비밀로 분류되어 있어서 공개적인 답변이 곤란함을 양해해주기 바란다"고 말하고 자연스럽게 다음 질문으로 넘어갔다.

브리핑이 끝나고 얼마 후 질문을 했던 기자가 사무실로 찾아왔다. "아까 장군이 브리핑하는데 답변을 못하게 막은 사람이 누구냐"며 따지고 물었다. "장군이 브리핑하는데 소령이 끼어드느냐"는 것이다. 이에 그 소령도 언성을 높였다. "공보장교가 브리핑에 배석하는 이유는 브리퍼 보조 및 취재 기자의 편의 지원을 위한 것이지 구경하라고 멍청하게 가 있는 것은 아니지 않느냐"등등으로 언쟁이 벌어졌다. 언쟁은 결국 주변 사람들의 중재와 개입으로 일단락되었다. 이것은 별것 아닌 언쟁이지만 일상에서 늘 있을 수 있는 군과 언론의 사소한 갈등의 한 모습이다. 그리고 며칠 후 그 기자가 다시 사무실로 찾아왔다. "생각해보니 지난번에는 미안하게 되었다"며 악수를 청했다. "꿀리지 않고 할 말 하는 공보장교를 근래에 처음 봤다"며 말이다. 그 후로 그 기자와는 인간적으로 가까워졌고 지금까지도 서로 신뢰하는 사이가 되었다. 결국 군과 언론의 신뢰 문제도 사람을 통한 이해와 공감에서 비롯되는 것인 만큼 이러한 작은 예에서 교훈을 찾을 수 있을 것 같다.

군과 언론은 경우에 따라서는 공보장교와 기자와의 관계로 대변될 수 있다. 통상 공보 당국자에게 기자와의 관계는 불가근불가원(不可近 不可遠)의 관계여야 한다고 한다. 이러한 에피소드는 공보당국자와 기자와의 관계에서 군사보안과 알권리에 대한 서로의 입장 차이를 알 수 있는 하나의 사례이다.

10자 자막의 특종보도

제2연평해전이 언론에 최초로 보도된 것은 2002년 6월 29일 오전 11시 15분쯤이다. MBC TV가 아침방송 프로그램의 하단에 여러 가지 자막 뉴스를 흘려보내는 가운데 '남북 해군 서해서 교전 중'이라는 짧막한 자막 뉴스가 보도되었다. 이어서 11시 25분쯤에 연합뉴스가 '긴급, 남북 해군 서해서 교전, 상황종료'라는 후속보도를 하면서부터 2보, 3보가 쏟아져 나오고 국방부 기자실에는 월드컵 분위기는 한순간에 사라지고 '남북 해군간의 교전'에 따른 기사 작성과 후속조치에 분주해지기 시작했다. 쏟아지는 언론의 문의에 대해 군은 사실관계를 파악하느라, 기자들은 취재하느라 동분서주하였고, 언론은 정규방송을 중단하고 속보 체제로 전환되었다. MBC의 짧은 자막뉴스는 특종보도가 되었다. MBC가 가장 먼저 보도를 할 수 있었던 것은 연평도 주민들 중에 '통신원'을 위촉하여 주요 사건사고를 제보하도록 운용하였기 때문이라고 한다. 제2연평해전 속보도 당시 통신원으로 운용중인 택시 기사로부터 제보를 받았다고 한다. 주재 기자를 둘 수 없는 지역이나 상황을 커버하기에는 좋은 방법이고 지금도 국내외 여러 언론들이 활용하고 있는 방법이다. 통상 '특종보도'라고 하면 어떤 사회적 물의를 빚는 사건이나 정책 등에 대해 심층취재 보도쯤으로 생각하는데 꼭 그렇지는 않다는 예를 제2연평해전의 최초 보도를 통해 알 수 있는 사안이다.

'서해교전' 관련 최초 보도
(2002. 6. 29)

□ 최초보도
· MBC-TV 11:15분 "남북 해군 서해서 교전중"
(아침방송중 자막으로 긴급뉴스 보도)

□ 후속보도
· 연합뉴스 11:25분

①

2002. 6. 29.
연합뉴스
합참 공보실 ☎ 3061~3

연합 H1-290_ S03-025 사회(23)

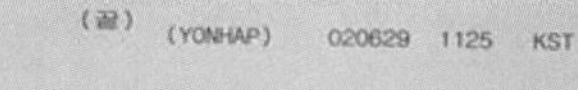

<긴급> 남북 한때 서해서 교전, 상황종료
(끝) (YONHAP) 020629 1125 KST

② 연합 H1-302_ S03-026 사회(263)

서해서 한때 남북 교전

(서울=연합뉴스) 이 유 기자 = 29일 오전 서해 북방한계선(NLL) 부근에서 남북한 해군간에 교전이 벌어져 일부 피해가 발생한 것으로 알려졌다.
현재는 일단 상황이 종료된 것으로 전해졌다.
군 관계자는 "NLL 근처에서 조업하던 북한 어선들과 경비정이 NLL을 조금 넘어오고 우리 해군 경비정이 이를 저지하는 과정에서 한때 교전이 발생한 것으로 안다"며 "일부 피해가 있었으며, 현재는 상황이 종료된 상태"라고 전했다.
lye@yna.co.kr
(끝) (YONHAP) 020629 1134 KST

③

연합 H1-305_ S03-027 사회(21)

<긴급> "서해교전서 인명피해는 없어"
(끝) (YONHAP) 020629 1136 KST

북한 상선 영해 침범과 '지혜롭게 대처하라'

북한 상선, 과연 상선인가?

6월은 우리 민족에게는 불행했던 과거와 비극이 있었던 달이다. 72년 전 북한이 6.25 전쟁을 일으켜 3년 동안 치열한 전쟁이 있었고, 이로 인해 수많은 인명 피해와 재산 피해 및 국토가 피폐화되었던 6월이다. 20여 년 전 6월의 기억 또한 복잡 미묘하다. 2001년 6월 2일부터 10여 일 동안 대홍단호, 령군봉호, 청진2호 등의 북한상선 10여 척이 서해 출발→제주해협 통과→동해로 복귀 또는 동해출발→제주해협 통과→서해로 복귀하는 식으로 우리 영해를 헤집고 다닌 사태가 발생하였다.

북한 선박의 제주 해협 무단 통과는 이때가 처음이었다. 북한 상선들은 해상 휴전선이나 다름없는 서해안 백령도 인근 NLL(북방한계선)과 제주해협을 거쳐 동해안의 독도 영해까지 잇달아 침범을 시도했다. 북한 상선의 연이은 영해 침범에도 군은 경고사격이나 나포 등 강경조치를 취하지 않아 여론의 질타를 받았다.

무선교신을 통해 영해 밖으로 퇴각할 것을 요구하는 우리 해군 함정에게 북한 상선은 “이 항로는 김정일 장군이 개척한 항로다. 상부에서 내린 지시대로 제주해협을 통과 하겠다.”라고 하면서 무단 항해를 계속했다. 당시 북한 상선의 동시다발적인 영해 침범은 햇볕정책과 남북 해빙무드를 틈탄 고도의 정치적 군사적 의도가 포함된 것으로 전문가들은 분석했다.

제주해협은 북한을 제외한 외국 민간선박들에 대해선 무해통항권이 인정돼 자유로운 통행이 허용되고 있으나, 북한 선박에 대해선 군 당국이 작전예규에 따라 통과하지 못하도록 규제해오고 있던 상태였다.

* 북한상선은 2005년 8월부터 남북해운합의서 발효에 따라
지금은 한국의 동·서·남해와 제주해협을 자유롭게 통과하고 있다.

북한 상선의 우리 영해 ‘침범’사태에 대해 침범이 아니라 ‘통과’로 봐야 한다는 주장도 있었고, 또한 제주해협에 대한 ‘통과’는 국제상선에게 적용되는 ‘무해통항권’ 측면에서 의도적으로 제기한 것으로 분석하기도 하였다. 반면에 북한 상선이 진짜 상선이냐? 아니면 상선으로 위장한 군용이냐? 하는 논란도 많았다. 즉 북한 군인들이 상선에 선원으로 위장하여 정찰 및 첩보 수집을 한다는 것이다. 그러므로 계획된 의도적인 도발이므로 강제로 정선시키고 나포해야 된다는 의견

도 있었으나 결과적으로는 아무런 조치를 하지 않은 채 사태는 일단락되었다.

합참의장, 상황실 아닌 공관으로 복귀?

북한 상선의 영해 침범 사태가 처음 발생한 6월 2일은 토요일이었다. 당시 국방부장관, 합참의장, 해군참모총장 등 군 수뇌부는 군 골프장에서 골프를 치고 있었다. 사태가 발생되자 장관은 골프를 중단하고 국방부(합참) 상황실로 복귀하였고, 합참의장은 우선 필요한 상황조치를 취하고 나서, 곧바로 국방부 상황실로 가지 않고 인접에 있는 합참의장 공관으로 복귀하여 지휘하다가 몇 시간이 지난 뒤에야 상황실로 출근하여 위치하였다.

이렇게 상황실로 바로 위치하지 않은 것으로 인해 다음 날 합참의장은 언론으로부터 호된 비판을 받았다. 언론의 질타에 대한 합참 관계자의 해명은 '합참의장 공관에도 모든 지휘통제 시스템이 갖춰져 있기에 상황조치에 문제가 없었다'는 것이었다. 그러나 언론은 아무리 그렇다고 해도 상식적으로 이해가 안 된다며 비판을 이어갔다.

그럼 왜 합참의장은 상황실로 곧바로 오지 않았을까에 대한 의문이 들 텐데, 당시에 국방부에 정통한 일부 기자들에게 알려진 소문으로는 장관과 의장이 서로 견해가 달라 불편한 관계이기 때문에 그렇게 된 것이 아니냐 하는 추측이 있었다. 그러나 이에 대해서 확인된 것은 없었다. 그럼에도 불구하고 이러한 추측성의 소문이 일부 기자들 사이에 회자되었다. 기자들은 다양한 루트로 이런저런 정보를 많이 접하게 되는 특성이 있기에 아마도 이에 대해서도 어디선가 누군가로부터 전해들은 얘기가 있었기에 그런 소문이 나돈 것이 아닐까 하는 생각은 들었으나 확인할 방도는 없었다.

그 외에도 북한 상선의 영해침범 사태에 대해 몇몇 기자들이 문의해 온 것 중에는 당시 상부에서 "군사적 충돌이나 전쟁으로 확대되지 않도록 지혜롭게 대처하라"는 지침이 있었다는데 맞느냐는 것이다. 그러나 이에 대해서도 확인은 되지 않았다. 기자들은 햇볕정책의 기조를 훼손하지 않아야 한다는 정부의 방침상 개연성은 있는 지침일 것이라는 얘기들이 나돌았기에 이에 대한 팩트를 확인하고자 촉각을 곤두세웠던 것이다.

지혜롭게 대처하라?

기자들은 다양한 이해관계자들로부터 정보를 보고 듣는 가운데 기사로서의 가치가 있는 것이라면 그것이 팩트인지를 확인하기 위해 다방면으로 취재하고자 하는 것이 기본이다. 특히 북한 상선에 대해서 군이 사격이나 정선, 나포 등의 강력한 조치를 하지 못했던(안했거나) 것은 상부에서 이런 지침이 있었기 때문이 아닌가 하는 의구심을 가지고 취재한 기자들이 더러 있었던 것이다. 하나하나의 개별 소스들을 취합하다 보면 퍼즐이 맞춰지는 경우가 있으므로 조그만 소스라도 얻으려고 하는 것이 기자이기 때문이다.

이와 같이 북한 상선 영해침범 사태와 관련하여 당시에 본질 이외의 곁가지로 고위정책 책임자들의 의사결정 과정과 관련된 민감한 언론 이슈들이 대두되었으나 팩트로 드러나지는 않았다. 만일 이러한 이슈들이 팩트로 드러났다면 북한 상선 영해 침범 사태는 또 다른 파장을 불러일으켰을지도 모른다.

제주해군기지 건설 공사, 공보와 심리전의 구분

계속되는 반대시위

제주 해군기지의 공식 명칭은 '민군복합형 관광미항'이다. 2011년 2월에 공사가 시작되어 2016년 2월에 완공되었다. 공사기간 동안 강정마을 일대는 매일같이 반대 시위자들의 시위로 몸살을 앓았다. 반대운동 시위자들은 군사기지로 설정된 철조망을 넘어 들어가 시위를 하기도 했다.

다수의 반대 단체들이 기지건설에 반대하는 민원과 소송을 제기했고, 법원은 2011년 8월 29일에 제주 해군기지 건설은 국책사업이므로 방해하지 말아야 한다는 판결을 내렸다. 그러나 갈등이 깊어지자 2012년 3월 7일 제주도는 해군기지 공사정지 행정명령 절차에 착수하게 되고, 이에 대해 국방부는 지방자치법 169조에 의거하여 대응하는 등 중앙정부 기관과 지방자치단체 간의 갈등도 빚어졌다.

기지건설 반대론자는 단일 부류가 아니라 여러 가지 서로 다른 관점을 가진 사람들이 연계되어 있었다. 전쟁을 반대하는 평화주의자, 환경보호에 최우선을 두는 생태주의자, 친북 · 친중 · 반미주의자, 지역주민 등등. 이런 사람들이 각각 서로 다른 이유와 논리로 기지건설 반대운동에 합류하고 있었다.

특히 평0사, 민0당 등에서는 제주해군기지를 '미군기지' 혹은 '유사시 중국을 견제하기 위한 시설과 MD의 전초기지로서 미중 충돌 시 중국이 첫 번째로 공격할 목표'가 될 것이라고 주장했다. 특히 2005년 평택 대추리에 미군기지 건설 당시 반대를 외쳤던 '평0사'를 비롯한 단체들이 주축이 되었다. 최초에 기지 건설 대상지였던 화순항이 무산된 배경에 이들의 시위도 한몫을 한 바 있다. 그들은 "평화의 섬에는 군대가 있을 수 없다" 라는 주장을 펼치기도 했다.

반대 시위가 연일 계속됨에 따라 국방부는 이를 가장 중요하고 시급한 갈등관리 의제로 삼고 제주지역 언론과의 간담회 등에 관심과 노력을 집중하게 되었다. 당시 언론 이슈는 제주지역 언론매체와 제주지역 주재 기자들에 의해서 주로 보도되었다.

인천상륙작전과 심리전?

국방부에서는 주요 직위자 전략대화(SC, strategic communication)를 통해 대책을 논의하였고, 대변인실에서는 언론대응 및 취재지원 차원에서 현장 인근에 공보팀을 상주시키고, 주말에는 주요 관계자들이 제주도 현장으로 직접 내려가서 언론 설명 및 상황관리에 나섰다.

반대 시위로 공사 추진계획에 차질을 빚음은 물론, 공사업체 입장에서도 수천명의 건설 근로자들의 임금 관리 등으로 인해 경제적 손실이 점점 커지고 있던 어느 날 전략대화에서 모 고위직의 상급자가 "심리전 차원에서 공사를 중단한다고 브리핑하여 언론과 시위대들의 관심을 따돌리고 지반 조성의 첫 단계인 구럼비 바위 폭파 등 시급한 공사를 추진하도록 하자"는 의견을 제시했다.

그 예로 "1950년 6.25 전쟁 때 인천상륙작전을 전개할 당시 정부에서 원산상륙작전을 한다고 발표하여 적의 관심과 시선을 다른 쪽으로 유도함으로써 결국 적의 허를 찌르는 인천상륙작전을 성공하게 된 것 아니냐" 라는 예를 들었다. 이에 일부 참석자들은 당시 상황 관리가 시급한 상태에 있었기에 그것도 하나의 방법이 될 수 있다며 동조하는 분위기가 되었다.

이에 대해 단호하게 반대하였다. "어떠한 경우에도 공보는 언론을 대상으로 허위 브리핑을 하거나 거짓말을 해서는 안 된다. 만일 불가피하게 한두 번이라도 거짓말을 하게 되면 다음부터는 신뢰관계가 깨어지게 되고 결정적인 순간에 불신을 일으킨다. 여론을 나쁜 방향으로 끌고 가면 소탐대실이 될 수 있다.' '또한 인천상륙작전을 할 때도 정부가 원산상륙작전을 할 것이라고 공개적으로 발표한 적이 없다. 다만 군사작전의 한 형태인 기만작전 차원에서 원산 방향으로의 상륙을 준비하는 듯이 실제 병력 기동을 하는 등의 제스처 같은 것을 한 것이지 허위 브리핑을 한 것은 아니다" 라는 의견을 냈다. 이에 대해 아무런 이견이 없었다.

최근 우크라이나 전쟁에서 러시아나 우크라이나 모두 자국에게 유리한 상황 조성을 위해 언론을 활용하여 대내외적인 심리전과 여론전을 펼치고 있음을 잘 목격하고 있다. 그러나 대다수 자유민주주의 국가의 언론관은 비록 전시일지라도 공보와 심리전은 분명히 구분하고 있다. 왜곡된 흑색심리전은 오히려 국내외 여론전에 악영향을 주기 때문이다.

한일 군사정보보호협정, 모 매체 선제보도로 추진 중단

GSOMIA와 한일관계

군사정보보호협정(GSOMIA: General Security of Military Information Agreement)은 군사적인 동맹 국가 또는 친밀한 관계에 있는 두 국가 또는 여러 국가 간의 비밀 군사 정보를 제공할 때, 제3국으로의 유출을 방지하기 위해 연결하는 협정이다. 우리나라는 일본과는 2016년 11월 23일에 협정을 체결하였다. 일본은 우리나라가 협정을 체결한 33번째 국가다. 우리나라는 현재 34개국 및 북대서양조약기구(NATO)등과 군사정보보호협정 및 약정을 체결하고 있다.

당시 일본과의 협정 체결에 반대 여론이 컸다. 이러한 까닭에 일본과의 체결에 앞서 이미 우리가 32개국과 맺은 군사비밀정보보호협정 또는 약정에서는 유효기간을 따로 정하지 않거나 5년으로 정했으나, 일본과의 협정에서는 여론의 동향 등을 감안하여 유효기간은 1년으로 정하고, 기한 만료 90일 전에 협정 종료의사를 서면으로 통보하지 않는 한 자동으로 1년이 연장되는 묵시적 연장이 되도록 하였다.

한일 간 지소미아의 목적은 주로 북한의 핵과 미사일에 관한 정보를 공유하기 위한 것이며, 이 지소미아 협정이 체결되기 전에는 주로 한 다리 건너 미국을 통해서 정보를 교환해 왔다. 한국은 일본에게 탈북자와 북중 접경지역의 인적정보 등을 제공하고, 일본은 한국에게 이지스함이나 첩보위성 등을 통해 확보한 북한의 핵 · 미사일에 관한 정보를 제공한다.

우리 정부는 지난 2019년 8월 22일에 일본이 무역관계에서 우리나라를 화이트 리스트에서 배제하는 등 상호 간의 불편한 관계로 인해 "한일 군사정보보호협정을 유지하는 것이 우리의 국익에 부합하지 않는다." 며 한일 간 군사정보보호협정의 종료를 발표하였다. 그러나 2022년 6월 현재는 완전히 종료되었다기보다는 일종의 종료 유예된 상태라고 할 수 있다.

지소미아의 일본과의 협정 체결은 이미 2012년에 추진하려다가 못 했는데 그 배경에는 특정 언론의 단독 보도가 하나의 원인이 되었다. 즉 이 협정 체결 추진에 대해 특정 언론에서 가장 먼저 단독기사로 쓰면서 협정의 부정적인 면과 우려스러운 부분에 논점을 두고 보도하였고, 이에 다른 언론들이 가세하고 결국 여론이 부정적으로 나타나게 되어 협정 체결 추진을 중단하였다.

당시 국방부 핵심 관계자가 모 기자에게 저녁 식사 자리에서 상호 간의 신뢰를 바탕으로 이 협정의 필요성을 강조하고 이해를 돕기 위한 설명을 해 주었다. 그 기자는 당시 가장 핫한 이슈로 떠오르고 있던 차에 이러한 설명을 듣게 되자 '정부가 추진하려는구나'라고 직감하고 다음 날 조간신문에 '한일군사정보보호협정 체결 추진 예정'이라고 보도하였다.

이에 여타 언론들이 집중적으로 취재 및 보도하면서 더욱 이슈화되기 시작했다. 결국 정치권을 비롯한 곳곳에서 한일 간에 얽혀 있는 여러 가지 과거사와 민족 감정 등이 어우러져 갑론을박하게 되고 여론이 나쁘게 돌아감에 따라 협정 체결의 추진을 중단하게 되었다.

한편 2011년 11월 말쯤에 예비군 동원훈련을 기존의 주소지 위주의 부대 배정에서 본인이 과거에 현역으로 복무했던 부대 위주로 변경을 추진하려던 정책이 언론의 부정적인 보도로 인해 백지화된 사례도 있었다. 여러 가지 장점이 있음에도 불구하고 국방부의 방침에 대해 대다수의 언론보도와 댓글이 부정적으로 나타났기 때문이다. '과거 복무했던 부대의 좋지 않은 추억 때문에 그쪽으로 눈도 돌리고 싶지 않은데 훈련이 제대로 되겠나'는 반응이 많았던 것이다. 언론의 프레임 설정과 여론의 향방이 정책 추진에 직접적으로 영향을 준 또 하나의 사례이다.

북한의 미사일 발사, '요격' 논쟁으로 비화된 브리핑

북한의 장거리 미사일 발사, 2012년 시작

북한의 장거리 미사일(ICBM 대륙간 탄도미사일) 발사는 우리나라를 비롯한 일본, 미국 등의 초미의 관심사이다.

북한은 2022년 6월 현재 18차례나 미사일을 쐈다. 지난 3월 24일에는 평양 순안비행장 일대에서 동해상으로 ICBM 1발을 시험 발사하여, 일본의 배타적 경제수역(EEZ)안에 떨어졌다. 이에 일본은 국가안전보장회의를 개최하는 등 "용서할 수 없는 폭거"로 규정하며 유엔안보리결의 위반에 대해 강력히 조치할 것을 촉구한 바 있다.

5월 25일에는 오전 6시와 6시37분 · 42분 3차례에 걸쳐 역시 평양 순안 일대에서 동해상으로 ICBM 1발을 포함한 탄도미사일 3발을 쐈다. 이에 대해 유엔은 5월 27일 유엔 안보리에서 대북 추가 제재 결의안을 표결에 부쳤으나 중국과 러시아의 거부권 행사로 불발되고 말았다. 한미일 3국의 외무장관들은 이례적으로 북한의 도발 행위를 강력히 규탄하는 공동성명을 발표하였다. 또한 미국은 북한에 대해 개별적인 추가 제재를 발표하는 등 북한의 미사일 발사는 한반도와 동북아의 초미의 관심사가 되고 있다.

6월 5일에는 8발의 탄도 미사일을 4곳에서 동시 다발적으로 발사하여 이미 실전 배치된 미사일의 연속발사 능력 평가와 함께 한반도의 다양한 표적을 동시에 타격할 수 있다는 위협을 과시한 것으로 분석됨에 따라, 우리 군도 6월 6일 오전에 이에 상응하는 8발의 대응사격을 동해안에서 한 바 있다.

북한이 동해상으로 어떤 종류의 미사일이든 발사하면 일본은 강력히 반발한다. 해상에서 조업하고 있는 일본 국민의 안전은 물론 일본 본토에도 직접적인 위협이 되고 있기 때문이다. 그런데 우리 국민 상당수는 이에 대해 매우 관대하거나 또는 무감각하게 인식하는 듯한 분위기가 종종 느껴진다. 미사일의 위험성은 잘 모르겠고, 북한이 그저 늘 하는 행동으로 치부하고 마는 듯하다.

지금은 북한이 핵탄두와 장거리 운반체의 개발 기술이 고도화되어 미국 본토에 도달할 수 있을 정도로 실질적인 위협이 되고 있으나, 2012년 무렵까지만 해도 북한의 이러한 기술은 걸음마 수준이고 개발 성공 여부도 장담하기 어려운 상태였다. 가장 먼저 북한은 추진체의 장거리 발사 기술과 능력을 개발하기 위해 혈안이 된 가운데 2012년 3월 16일경에, 김일성 생일(4월 15일)인 광명절을 앞두고 '광명성 3호 위성'을 발사하겠다고 발표하였다.

이에 2012년 3월 24일경 북한이 장거리 로켓 동체를 평안

북도 철산군 동창리 발사기지에서 조립 중이고 50미터 이상의 발사대가 준비되고 있음이 알려지자 한 · 미 · 일 당국은 물론 모든 언론의 가장 큰 이슈가 되었다. 당시 1단 추진체의 낙하 예상지점은 변산반도 서쪽 140㎞ 공해상이었다. 그러나 이것이 정상궤도를 벗어나 우리 내륙으로 떨어지지 않는다는 보장이 없기에 북한의 행위는 위험과 위협을 동반하고 있던 터였다.

원론적 답변이 요격으로 비화

국방부는 이 장거리 로켓을 북한이 핵무기 운반수단인 장거리 탄도미사일 능력을 확충 · 개발하기 위해 만든 것이기에 장거리 미사일로 규정했다. 당시 브리핑 시간에 모 기자가 "만일 북한 미사일이 궤도를 이탈하여 우리 내륙이나 도심지에 떨어지게 되면 어떻게 되느냐, 이에 대한 대비책이 있느냐"는 질문을 했다. 이에 "북한이 예고한 미사일이 정상궤도를 벗어나 우리 영토나 영해에 떨어져 국민들의 생명과 안전에 지장을 초래할 경우를 대비해 우리 군은 궤도 추적과 요격을 할 수 있는 대책을 강구할 것"이라고 나는 원론적인 수준에서 답변하였다.

그런데 이런 답변에 대해 모든 언론의 보도 방향은 '북한 미사일 요격 검토'라는 제목으로 답변 취지와는 약간 다른 방향으로 확대되었다. 즉 요격 가능 여부와 요격 가능한 무기 체계 등에 대해서 스트레이트 기사, 해설기사, 전문가 대담 등 핫 이슈가 되는 등 새로운 아젠다로 비화되어 한동안 매우 곤혹스러웠다. 즉 기자의 질문에 대한 답변의 요지는 군이 '대응 방안'에 대해서 '고민 중'에 있다는 것인데, 언론의 관심은 군이 '요격 방안'을 '준비 중'에 있는 것으로 해석한 꼴이 된 것이다. 이 또한 군과 언론의 관점의 차이에서 비롯된 것이라 할 수 있다.

결과적으로 북한은 2012년 4월 13일 오전 7시 39분에 광명성 3호를 발사했으나 실패했다. 추진체가 대기권을 돌파하지 못하고 공중폭발되고 말았던 것이다. 당시 우리 군은 북한이 미사일을 발사한 지 54초 만에 이지스구축함인 세종대왕으로 이를 즉각 탐지하였고, 잠시도 지체하지 않고 즉각 언론에 공지하였다.

북한의 미사일 발사여부와 이에 대한 탐지 및 궤도추적은 당시 한미일 당국이 예의주시하는 제일 큰 관심사였기에 얼마나 빨라 어느 레이더 체계로 포착하느냐는 촌각을 다투는 중요한 사안이었다. 이에 우리 해군의 기민함과 아울러 탐지 포착과 동시에 이를 언론에 공지한다는 방침을 미리 결정하고 사전에 잘 준비하고 있었기에 즉각적인 공개가 가능했다.

당시 북한은 이례적으로 조선중앙통신을 통해 발사 4시간 만에 실패했다고 발표하였다. 만일 우리 군의 빈틈없는 탐지와 추적 및 선제적인 언론 공개 등이 없었다면 북한이 과연 그렇게 빨리 실패를 시인했을까 하는 생각이 든다. 북한은 지금도 여러 가지 의도와 목적으로 단거리 · 중거리 · 상거리 미사일을 수시로 쏘고 있다. 이렇게 잦은 북한의 미사일 발사에 대해 국민 대다수는 별로 심각하게 생각하지 않는 듯한 반응이다.

북한의 위협적인 행동에 대해서 피부로 와닿는 위험성을 인지하지 못하기 때문이다. 그러나 미사일로 인한 피해와 파괴력에 대해서는 간과해서는 안 된다. 군이 실질적이고 물리적인 대비태세를 갖추고 있다고 해서 여타 국민들은 모두 손 놓고 강 건너 불 보듯 해서는 안 된다. 특히 6.25 전쟁의 비극이 있었던 6월이자 호국보훈의 달인 6월을 맞아 호국안보에 대한 정신적 대비태세를 되돌아 볼 필요가 있는 시점이다.

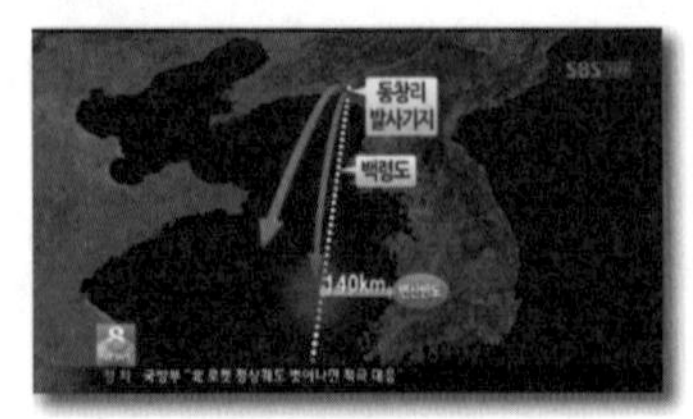

part 5.

에피소드로 본 군과 언론, 소견(所見)

언론이 만든 용어, '노크 귀순'

'노크 귀순' 시리즈

2012년 10월 2일 야간 23시 25분경에 북한군 병사 1명이 군사분계선을 넘어 강원도 고성지역 전방의 우리 군 GOP소초로 귀순해 온 사건이 있었다. 당시 북한군 병사는 우리 군 소초의 막사 창문을 두드렸고, 이에 바로 소초병들이 인지하게 되었다. 이 귀순 사건은 여러 계통의 보고 과정에서 일부 잘못 보고가 되어 최초에는 cctv를 통해서 발견하였다고 발표하였으나, 얼마 후에 국회 국방위 국정감사장에서 야당 의원이 "문을 두드려 귀순해 온 것 아니냐"고 의혹을 제기하였다. 이에 합참 전비검열단이 현장 조사결과 북한군 병사가 '문을 두드렸다'는 사실이 확인되어 정정발표 하였다. 이에 국방부 출입매체인 'ㅇㅇ뉴스'가 기사 제목에 이른바 '노크 귀순'이라는 용어를 사용하여 보도하였고 이후 부터 여러 언론이 따라 쓰면서 '노크 귀순'이라는 호칭으로 굳어지게 되었다.

2015년 6월 15일에는 북한군 병사가 강원도 철원지역 전방의 우리군 감시초소(GP)로 귀순을 해 왔다. 당시 북한군 병사는 하루 전날 야간에 군사분계선을 넘어와 우리 GP소초 근처 500m 정도 떨어진 경사진 언덕까지 와서 잠을 자고 아침에 날이 밝을 때까지 기다렸다가 귀순의사를 밝혀왔다. 2012년 '노크 귀순'을 생생하게 기억하고 있는 국방부 기자들은 이 귀순에 대해 '숙박 귀순'이라는 아주 쉽고 단순한 용어를 쓰게 되었다.

2019년 6월 15일에는 동해안에서 북한 주민 4명이 탄 소형 목선이 NLL을 넘어 강원도 삼척항으로 귀순한 사건이 있었다. 당시 북한 목선은 아침 6시 50분경 삼척항 부근에서 엔진을 끄고 날이 밝을 때까지 기다리다가 어민들에게 발견되어 귀순한 사건인데, 이 사건에 대해 기자들은 일명 '정박 귀순'이라고 호칭하였다.

2020년 11월 3일에는 북한 민간인이 강원도 고성지역 전방 우리 군 부대 철책으로 월남해 온 사건이 있었다. 당시 이 민간인이 오리발을 신고 헤엄쳐서 초소 근처까지 왔다고 하여 언론은 일명 '오리발 귀순'이라고 보도하였다.

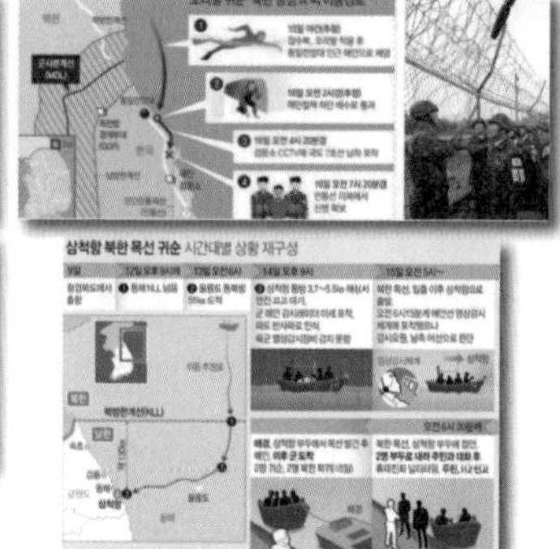

'맹물 전투기'와 '갈지자(之) 함정'

제목의 단순화와 네이밍이 주는 임팩트

1999년 9월 14일 공군 16전비 소속의 F5전투기가 추락하여 조종사 1명이 순직한 사고가 있었다. 이 사고는 처음에는 통상적으로 발생할 수 있는 전투기의 단순 추락사고로 발표했으나, 사고 원인에 대한 정밀 조사 결과 낡은 유류 저장 탱크에 방수가 안 된 쪽으로 지하수가 유입되었고 이것이 전투기 연료를 주입할 때 항공유에 섞여 들어가서 사고가 난 것으로 확인되었다. 이에 '○ ○뉴스'가 기사에서 '맹물 전투기'라는 단어를 기사에 쓰면서부터 이른바 '맹물 전투기'라는 오명이 붙게 되었다.

'갈지자(之) 함정'은 2010년 9월 30일 'Y○ ○'이 해군의 최신예 유도탄 고속함 2번함인 한상국함이 실전 배치를 앞두고 해군에 인도되기 전 시험 운행 중에 동력계통에 결함이 생겨 고속운행시 정상궤도로 직선주행을 하지 못하고 좌우로 지그재그로 운행되는 문제점을 보도하였다. 최신예 고속함이 마치 술에 취한 사람이 정상적인 보행을 하지 못하는 것과 같이 갈지자(之)로 운행된다고 하여 '갈지자 주행', '갈지자 함정'으로 보도하면서 생긴 용어이다.

이와 같이 주요 사건에 대한 보도에서 제목의 단순화는 내용의 일치와는 무관하게 독자들의 머리에 오랫동안 쉽게 각인이 된다. 군 관련 보도 외에도 2004년 모 식품회사가 중국산 단무지를 원료로 사용하면서 비위생적으로 관리하여 문제가 된 일명 '쓰레기 만두' 보도가 유명하다.(이 사건은 조사 결과 일부 불량재료가 있으나 인체에는 무해하다는 결론이 나왔다) 또 2014년 이른바 '땅콩회항' 사건 보도가 있다. 기내 간식으로 제공되는 땅콩으로 인해 발생한 사건을 보도하면서 붙인 제목이다.

언론보도에서 이러한 자극적이고 호기심을 불러일으키는 제목의 네이밍은 경우에 따라서는 당사자들의 명예나 신뢰에 크게 영향을 끼치기 때문에 각별히 유의할 필요가 있다. 제목을 붙이는 언론 입장에서는 히트작(?)이 될지 모르겠지만 당하는 사람이나 기업 입장에서는 치명상을 입을 수도 있기 때문이다.

얼빠진 空軍 '기름도 모르나'

전투기 연료 물넣어 추락

용어의 재구조화와 의미 변화, '군대문화'와 '군사문화'

'군대문화'와 '군사문화'

군대에서의 제도나 형식 또는 생활방식이 '군대문화'이다. 이 용어는 사회의 여러 조직문화 가운데 군대조직에서 통용되는 문화현상을 일컫는 것으로 어떤 편견이나 주관적 감정이 들어있지 아니하다. 단지 엄격한 규율과 상하 위계질서가 수직적이고 획일적인 상명하복의 남자들 집단에서 볼 수 있는 일종의 문화양태 정도로 인식된다. 즉 가치중립적인 단어이다.

그런데 군대문화에서 글자 하나만 바꾼 '군사문화'라는 단어는 그 어감과 뉘앙스, 용도가 완전히 다르다. 가치중립적인 단어가 아니라 주로 '군대문화'의 단점과 폐단을 지칭할 때 사용되고 있다. 즉 장점은 없고 단점만이 있는 어떤 형태의 문화라는 것을 전제로 사용되고 있는 것이 일반적이다. 심지어 정치색이 가미된 뉘앙스의 단어이기도 하다. 통상 5, 6공화국을 지칭하면서 군사정권이라고 하는 것과 같은 맥락이다. 문민정부 시절에는 군사문화가 사회 전반에서 '청산해야 할 문화'로 지목되기도 했다. 마치 우리 사회의 모든 폐단과 문제점은 군사문화에서 유발된 것처럼 주요 화두가 된 적이 있었다. 대부분의 언론에서 공통된 현상이었다.

단어의 옳고 그름의 문제가 아니라 같은 현상이나 대상을 지칭함에 있어서도 군대문화로 부를 때와 군사문화로 부를 때 말하는 사람이나 듣는 사람, 또는 제3자인 독자나 대중들이 받아들이는 뉘앙스는 완전히 다르다. 즉 언어의 원래 구조에는 별 차이가 없는데 언론에 의해 재구조화되는 순간부터 의미의 변화를 가져오게 된다.

'안전벨트'와 '충격벨트'

비슷한 예가 있다. 우리가 흔히 안전벨트라고 부르는 비행기나 자동차의 '좌석띠' 또는 '안전띠'(영어로는 seat belt, 또는 safety belt)이다. 지금은 너무나 자연스럽게 불리는 자동차 안전벨트(safety seat belt)가 초기에는 충격벨트(crash seat belt)로 불렸다고 한다. 같은 것이지만 '안전벨트'로 부를 때와 '충격벨트'로 부를 때의 어감이나 뉘앙스(nuance)가 다른 것과 마찬가지이다.

최초의 안전벨트는 1911년 파일럿 Benjamin Foulois가 비행기에 설치했다고 한다. 초창기의 자동차에는 안전벨트가 없어 30~40km/h 정도에서 충돌해도 사람이 죽기 일쑤였다고 한다. 조지 S. 패튼 장군도 자동차 사고로 사망했다. 자동차에 안전벨트가 본격적으로 보급되기 시작한 것은 미 국방장관을 했던 로버트 맥나마라가 포드 자동차 사장 재임시절인 1956년에 이점식 안전벨트를 옵션으로 하면서부터라고 한다. 지금 사용하는 삼점식 안전벨트는 1959년에 스웨덴의 볼보 자동차가 처음 선보였다고 한다.

이러한 예에서 보듯이 언론이 어떤 현상이나 사태에 대해 부적절한 단어나 제목으로 보도하면 그것이 독자들에게 전달될 때에는 현상이나 사태의 본질과는 다소 다르더라도 언론이 의미화해 놓은 대로 인식하게 된다는 점에서 어떤 보도를 할 때는 특정 개인이나 조직(집단), 또는 사회에 상처를 주거나 이미지를 훼손시키지 않도록 신중해야 한다.

군인과 기자, 기자와 기자님

'군인과 기자'

'기자는 사람도 아니다'라는 우스갯소리가 있다. 한자어로 기자(記者)에서 자(者)는 통상 '놈'이라고 해석하기 때문이다. 반면에 군인은 사람이다. 즉 군인(軍人)의 인(人)자는 분명히 '사람'이기 때문이다. 어떤 문제로 기자와 유감이 생기거나 갈등이 생겨 욕을 하게 될 때 '사람도 아니니 무시하라'며 다독이거나 위안을 삼을 때 하는 소리이다. 정말로 경우에 따라서는 '사람이 아닌 기자' 라는 생각이 들 때도 있다. 언론 관련 일을 하다 보면 가끔씩 '속 보이는 기자' 내지는 '진상 기자'를 접하는 수도 있기 때문이다.

이른바 언론 기자라는 명함을 내밀고 특정 개인이나 조직, 사업체를 홍보해 주겠다거나 또는 광고수주 또는 구독이나 책 구매를 은근히 제시하는 등 모종의 이득을 취하고자 하는 기자 또는 '갑'질 하는 기자도 있기 때문이다. 통상 그런 매체의 기자는 박봉의 생계형인 경우가 많아 안타깝고 측은하게 느껴질 때도 없지 않다. 온라인 매체, 오프라인 매체를 막론하고 여러 가지 유형의 언론이 각기 다른 목적과 의도를 가지고 난립해 있으므로 그만큼 생존을 위한 경쟁이 치열하다는 것도 그들의 존재를 그렇게 만드는 하나의 이유가 될 수 있을 것 같다.

군이 군사보안을 금과옥조(金科玉條, 금이나 옥처럼 귀하게 여겨 꼭 지켜야 하는 원칙이나 규정. 고대 중국의 한나라 양웅이 한나라에 대해 반란을 한 왕망의 정권을 찬양하는 글의 한 구절에서 유래한 고사성어)로 여긴다면, 어떤 유형의 언론이든 기자들의 대의명분은 '언론의 자유'와 '국민의 알권리'이다. 언론의 자유와 국민의 알권리는 기자들이 당국자에게 내미는 '전가의 보도'(傳家寶刀, 집안 대대로 전해 내려오는 보물 명검)같은 것이다.

전가의 보도는 일본말에서 유래되었다. 옛날 일본 무사들에게는 칼이 필수품이었다. 수작업으로 제작하기 때문에 좋은 칼을 만드는 데는 오랜 시간이 걸렸다. 특히 명검은 아무나 만들 수 있는 게 아니고 장인들만이 만들 수 있었다. 좋은 명검을 만드는 데는 많은 비용과 시간과 노력, 기술이 필요했다. 그만큼 좋은 명검은 귀하고 값어치가 있었다. 그러나 아무리 명검이라도 사용하고 시간이 갈수록 녹슬거나 날이 무뎌지게 되므로 무사들은 아주 좋은 명검은 사용하지 않고 집안에 고이 모셔두고 후손에게 대대로 물려주어 집안의 가보로 삼는 문화가 널리 퍼졌다. 이와 같이 전가의 보도에 담긴 의미에는 '베는' 용도가 아니라 가치 있는 보물로서 가문의 우월함을 과시하는 데 목적이 있는 것이라고 한다.

또 다른 해석으로 평소에는 쓰지 않고 있다가 급할 때만 쓰는 '비장의 무기나 수단'이라는 의미로 통용되기도 하는데, 어떤 문제를 해결할 때 걸핏하면 꺼내는 대책이나 주장을 얘기할 때 많이 사용되고 있다.

어쨌거나 언론에게 전가의 보도는 '언론자유와 국민의 알 권리' 추구라고 할 수 있다. 반면에 언론과 관련된 분야에서 군의 전가의 보도는 '군사기밀과 국민의 생존권'으로 단순화 해도 무리는 아니다.

양자 간의 조화와 균형이 이루어질 때 전가의 보도는 사라지게 될 것이다.

기자와 기자님, 공과 사

오랫동안 언론 관련 업무를 하다 보니 나보다 나이가 많은 기자도 접하고 적은 기자도 접하게 된다. 유교적 문화의 습성이 많은 한국 사회에서는 대부분의 경우 서로의 신분이나 소속이 달라도 연장자에 대해서는 인륜적 예의를 지키는 것이 상식적이다. 또한 그게 편하다. 그런데 정반대의 상황과 호칭을 쓰는 경우가 있다. 예를 들면 나이가 적은 기자나 당국자에게 님자를 붙여서 부르는 경우이다. 물론 신분과 직종이 다른 조직의 상대방에 대한 존중과 예를 지키기 위해서 그럴 경우도 많이 있다.

즉 한두 번 보고 마는 경우가 아니라 매일같이 수개월 이상을 상대하는 당국자와 기자 사이인데도 불구하고 꼬박꼬박 님자를 붙이는 사이에서는 매사에 신중하게 공적으로 대하는 것이 좋다. 물론 인간적으로 교류나 소통이 잘 안 되기에 그럴 수도 있지만 서로에게 폐가 되지 않도록 하려는 것일 수도 있기 때문에 존중해 주는 것이 좋다.

한편으로 아무리 소통이 잘되는 당국자와 기자 사이라고 해도 어느 날 의기투합해서 술 한잔 먹고 술기운에 '형 아우' 식으로 하게 되면 그 순간은 인간미가 넘치는 모습이 연출될지 모르나 자칫하면 공적인 관계가 깨질 수도 있으므로 주의해야 한다. 당국자와 기자 사이의 공(公)과 사(私)는 엄연히 다르기 때문이다.

취재원 보호와 나쁜 기자, 당국자와 기자

취재원 보호와 나쁜 기자

언론의 취재원 보호는 기자로서 지켜야 하는 기본 같은 것이다. 취재원 보호가 지켜지지 않을 경우에는 쉽게 말해 어떤 정책이나 중요 이슈에 대해 뉴스제보가 매우 제한될 수 있다. 제보한 사람이 옳든 그르든 조직의 집단 이기주의와 손가락질, 따돌림 등의 불이익이 따를 수 있기 때문이다. 뿐만 아니라 '사회의 공기(公器)'이자 '깨어있는 목탁(木鐸)' 으로서의 언론의 기능과 역할이 매우 제한될 수도 있다. 그러므로 본인이 신변 공개를 원하지 않는 한 반드시 지켜져야 한다.

그런데 이 취재원 보호를 악용하는 언론도 있다. 취재원 보호라는 미명(美名)으로 포장하여 기자 개인의 생각이나 주장 또는 개인적 감정 풀이를 하는 기사에서 가끔씩 볼 수 있는 경우이다. 어떤 기사를 보도함에 있어서 등장하는 취재원에 대한 보호는 지켜야 하므로 실명이나 직함 대신에 통상적으로 '가, 나, 다' 또는 'A, B, C' 같은 한글이나 영어 알파벳 기호를 사용하게 된다.

그런데 사건사고가 아닌 어떤 정책의 추진이나 방향 설정을 비판하는 기사에서 이러한 ABC가 무려 7~8명이 등장한다면 어떻게 느껴지는가? 예를 들어 'A장군, B대령, C중령, D소령, E대위, F중위, G상사, H중사'로 기사화하는 경우이다. 아마도 두 가지의 해석이 가능할 것 같다. '문제가 많은 정책이구나' 또는 '기자가 많은 사람을 취재해서 의견을 들은 모양이지' 하는 해석과, '기자가 아주 소설을 썼네' 하는 해석이다.

그런데 독자나 시청자는 바보가 아니다. 그리고 해당 업무를 하는 당국자나 담당자는 어떤 기사가 보도되면 그 기사가 왜 나왔는지 개략적인 판단이나 추정이 가능하다. 앞의 두 가지 해석에서 어느 쪽인지도 분별이 된다. 이런 유형의 보도는 문제가 있다. 기본적으로 언론인으로서의 사명과 지켜야 할 원칙, 기자의 양심에 어긋나는 기사를 쓰는 기자나 그 기사를 거르지 않고(게이트 키핑) 그대로 보도하는 데스크나 담당부장 모두에게 문제가 있다고 생각되기 때문이다.

아무리 같은 유형의 언론끼리 경쟁이 치열하다고 해서 경쟁언론과의 대결(?)에서 이슈를 선점하고 자사언론을 키워 독자나 페이지 뷰를 늘이기 위해(일종의 옐로우 저널리즘), 또는 기사거리는 없고 취재는 안 되고, 데스크로부터 압박은 받고 주어진 할당량은 채워야 되고 해서 불가피한 선택이었다 할지라도 이런 것은 참으로 졸렬한 행태이고 나쁜 기자의 부류에 속한다고 하겠다. 이런 유형의 언론에 대해서는 정중히 항의

하고 문제점을 지적해 주어야 한다. 그래야 재발되지 않는다. 좋은 언론 좋은 기자가 되도록 하기 위해서는 독자나 당국자가 깨어 있어야 한다.

당국자와 기자

당국자와 기자는 가끔씩 비즈니스 관점에서 '갑과 을'의 관계에 비유되는 수가 있다. 누가 갑이고 누가 을인가? 당국자의 입장에서 보면 비판적인 나쁜(?) 기사를 보도하여 조직이나 기관을 애먹이든지 또는 잘했다고 칭찬하는 좋은(?) 기사를 쓰든지 간에 칼자루는 언론과 기자가 쥐고 있다는 생각을 할 때가 많다. 이럴 때는 기자가 갑인 셈이다.

반면에 중대한 사건사고나 사태가 발생하여 독자와 시청자들의 관심이 집중되는 어느 상황에서 당국자가 그와 관련된 정보와 자료를 주지 않으면 기사를 도저히 쓸 수 없거나 방송의 경우 매 시간마다 업데이트 리포터를 할 수 없게 되는 경우가 있다. 심지어 '새로운 상황 변화가 없다'거나 '특이 동향이 없다'거나 하는 멘트 자체로도 뉴스거리가 되는 경우가 있다. 이럴 때는 당국자가 갑이 되는 셈이다.

문제는 어느 경우이건 간에 당국자와 기자 관계에서 갑과 을이라는 입장의 차이가 있을지언정 어느 쪽이나 소위 말하는 '갑질'을 해서는 안 된다. 인간관계 측면에서도 그렇고 건강한 언론문화를 위해서도 있어서는 안 되는 관계 설정이다.

갑과 을의 관계는 둘 다 나쁘다. 즉 나쁜 당국자이고 나쁜 기자이다. 당국자와 기자의 관계는 말 그대로 '불가근 불가원'(不可近 不可遠)의 관계여야 건강한 관계가 유지될 수 있다. 물론 업무 외적인 인간적인 관계는 별개이다.

출입처제와 개방형 브리핑제, 출입기자와 등록기자

출입처제와 개방형 브리핑제

우리나라의 언론에 대한 취재 지원 및 브리핑 방식은 '출입처제'이다. 즉 정부나 지자체를 비롯한 정부 행정기관이나 국회나 정당 등의 입법기관, 검찰 법원 등의 사법기관에는 기자실이라는 공간을 별도로 두어 기자들이 거기서 기사를 작성하고 송고할 수 있도록 하는 방식이다.

이 출입처제 방식을 과거 노무현 정부 시절에 '개방형 브리핑제'로 바꾸기 위해 한때 '언론과의 전쟁'을 벌인 적이 있다. 정부의 방침에 따라 국방부도 기자실을 폐쇄하고 기자들의 국방부 상주를 못 하게 하느라 당국자도 기자도 모두 피곤한 전쟁 아닌 전쟁을 했었다. 고정된 기자실에 자리를 잡고 관련부서를 찾아다니면서 취재하고 기사를 쓰는데 익숙해 있던 기자들로서는 기자실 폐쇄는 여간 불편한 게 아니다. 따라서 기자실 폐쇄 통보에도 불구하고 일부 기자는 기자실을 사수(?)하고 있음에 따라 불가피하게 전기를 끊고 인터넷을 차단하여 기자실을 사용하지 못하도록 강제 조치하기도 했다.

출입처제 방식과 개방형 브리핑제 방식은 각각의 장단점이 있다. 문제는 오랫동안 관행으로 굳어져 있는 이 방식을 바꾸고자 하는 배경에는 언론(특히 메이저 언론)과의 불편한 동거 내지는 기 싸움이 원인으로 있었기 때문에 이를 거부하는 측과 강행하고자 하는 측과의 줄다리기가 계속되었던 것이다.

출입처제 방식은 각 기관에 기자실이라는 별도의 공간과 시설을 마련하여 기자들이 상주하면서 취재와 기사작성, 송고를 할 수 있도록 하는 현재의 방식을 말한다.

개방형 브리핑제 방식은 기자실이라는 상주 공간을 주지 않고, 공식 브리핑이 있을 때만 취재를 희망하는 기자들에게 개방하여 누구나 차별없이 브리핑에 참석하여 취재할 수 있도록 하는 방식을 말한다.

출입기자와 등록기자

출입기자가 있고 등록기자가 있다. 용어상으로 '국방부 출입기자' 라고 하면 국방부 관련 기사를 취재하기 위해 국방부에 출입하는 모든 기자라고 할 수 있다. 그런데 공보관계관 입장에서 엄격히 구분하자면 취재를 위해 국방부에 출입한다고 해서 그들이 모두 출입기자는 아닌 것이다. 구분하자면 '출입기자'와 '등록기자'로 구분한다.

'등록기자'는 취재를 위해 국방부에 출입하면서 브리핑을 듣고 기사를 쓰는 보편적인 기자이긴 동일하나, 이들은 국방부가 마련해준 기자실에 상주할 수 없거나 상주하지 않는 기자들이다.

반면에 '출입기자'는 기자실에 상주하는 기자들로서 출입기자 그룹에 들어가려면 몇 가지 갖춰야 할 필요조건이 있다. 그 조건은 해당 기관에서 정해 놓은 몇 가지 기준과 각 기관별 출입기자단이 정한 요건을 통과하여야 한다. 요건은 각 기관별로 상이하다. 이른바 '출입기자단' 명단에 속하는 기자들인 셈이다.

공보관계관들이 구분해서 부르는 출입기자는 바로 기자실에 상주하는 기자를 말한다. 이렇게 구분해서 부르는 출입기자는 등록기자에 비해서 아주 많지는 않다. 반면에 등록기자는 수없이 많다. 국방부 관련 기사를 쓰기 위해 정해진 서식에 따라 출입을 신청하면 몇 가지 절차를 거쳐 확인이 완료되어 승인되면 이른바 국방부에 출입하는 기자인 셈이다. 정확히는 출입기자가 아니고 등록기자이다.

그런데 이러한 상황을 악용하는 기자도 가끔씩 있다. 즉 국방부에 출입하는 일종의 '국방부 등록기자' 신분인데 '국방부 출입기자'라고 내세우면서 영세한 방산업체나 군수업체(규모가 큰 업체는 전담 홍보부서가 있는 데 비해 영세업체는 홍보부서가 별도로 없어 언론의 생리와 구조에 익숙하지 않다)를 대상으로 취재해서 관련 기사를 많이 내보낸다. 이럴 때 약간의 예우를 받고 싶어 하거나 또는 애매한 갑질을 하고자 하는 경우도 있다. 이럴 때는 해당 조직의 공보실에 조언을 구해 대처하는 것이 좋다.

출입기자와 등록기자는 예우에 있어서 몇 가지 차이가 있다. 취재에 있어서 가장 큰 차이는 기자실에 상주할 수 있느냐 하는 것과 중요 사안에 대한 공동취재단에 포함될 수 있느냐 하는 것이다. 다음으로는 해당 기관에서 주관하는 간담회나 워크샵 등에 참석대상이 될 수 있느냐 하는 것과 추석이나 설날 같은 명절에 해당 기관에서 선물이나 기념품을 주는 명단에 들어 있느냐 하는 것이다.

오래전의 얘기이지만 국방부 출입기자단 명단에 들어 있으면 연말연시나 명절 때에는 들어오는 선물이 좀 많다. 이것은 일종의 소통이자 사람 사이의 인간적인 정을 나누기 위함이다. 예를 들면 국방부장관, 합참의장, 육 · 해 · 공군참모총장 · 해병대사령관, 방위사업청장 등이 나름대로 신경을 써서 선물을 기자가 거주하는 집으로 택배로 보내준다. 물론 선물은 해당 기관의 공보실 의견을 들어서 비서실에서 준비하고 조치한다. 선물의 종류나 품목도 겹치면 곤란하므로 때가 되면 공보관계관들이 타 기관의 선물 품목과 구입 가격을 파악하고 자기 기관장의 선물 아이템을 준비하는 것도 하나의 보이지 않는 일이다. 적시에 정확히 파악하고 품목을 선택해야 자기 기관장의 입장이 난처하지 않고 돋보이기 때문이다. 예를 들어 명절이 지나고 나서 후일담을 듣게 되는 경우가 있는데, 이럴 때 공보관계관은 신경이 쓰이는 수가 있다. 품목이 중복되거나 동일해서 값어치가 떨어진다거나, 별

것 아닌 것으로 여겨지게 되면 입장이 곤란하여 다음에는 좀 더 신경을 쓰게 되는 등 자기 소속 기관장의 얼굴을 세우기 위해 애쓰는 것도 공보실이 출입기자와 기관장 간의 원활한 소통의 창구 역할을 맡고 있기 때문이다.(선물 나눔은 김영란법 제정 이후부터는 허용 범위 내에서 과일이나 농산물 같은 품목으로 하고 있어 그다지 신경 쓰이지 않는다고 한다)

메이저 언론과 마이너 언론

같은 출입기자라도 메이저 언론 기자와 마이너 언론 기자의 입지에는 차이가 있다. 마치 같은 연예인이라도 유명 인기 연예인과 무명 연예인의 위치가 다르듯이 말이다. 대부분의 기관장들은 메이저 언론 기자에게 익숙하고 더 많은 관심을 표명한다. 기관장들은 바쁘고 처리해야 할 업무 영역이 광범위하기 때문이기도 하고, 또 메이저 언론의 영향력이 상대적으로 크기 때문이다. 공보관계관 입장에서도 이 점은 인정하지 않을 수 없다.

그러나 업무적인 측면이 아니라 인간적인 관계에서는 메이저 언론과 마이너 언론을 차별하는 것은 곤란하다. 그렇게 되면 누구든지 서운하고 섭섭하게 생각할 것이다. 한 예로 모 마이너 기자가 모 기관 관계관의 법인카드 사용 문제를 보도하여 이슈가 된 적이 있다. 그 기자는 모 기관 관계관으로부터 차별대우나 서운함을 느꼈기 때문에 이를 취재하여 보도한 것으로 알려졌다. 이러한 것들은 당국자와 기자 사이에 있을 수 있는 '불편한 진실'이다. 이러한 사례는 타산지석(他山之石)으로 삼아야 한다.

보도자료와 보도기사, 인터뷰와 브리핑

보도자료와 보도기사

각 기관은 해당 기관의 주요 정책이나 성과 등을 홍보 또는 공개하기 위해 보도자료를 작성하여 언론에 제공한다. 국방부는 합참, 육 · 해 · 공군 · 해병대, 방위사업청, 재향군인회, 군인공제회, 각종 예비역 단체 등에서 보내오는 보도자료가 많은 편이다. 이 보도자료들은 주간 단위로 제공하는 날짜를 미리 예고하거나 아니면 사안이 있을 때는 그날 그날 예정에 없이 기자들에게 제공한다. 대부분의 보도자료는 기관의 성과를 홍보하기 위한 것이 많기 때문에 사진이나 자료 등을 포함하여 성의 있게 작성해서 배부한다. 기사를 잘 써달라는 뜻에서 필요하면 자세한 보충자료 및 취재지원을 해주겠다고 친절한 설명까지 덧붙여서 제공한다.

제공되는 보도자료 중에서 특이한 미담기사는 어느 정도 보도가 된다. 반면에 기관의 성과나 자랑에 대한 보도자료는 거의 채택이 되지 않는다. 언론의 기본 기능 중에 비판기능에 익숙해서 그렇다고 생각하면 마음 편하다. 경우에 따라서는 잘했다고 보도자료를 낸 것이 오히려 반대로 분석하고 해석해서 그 성과나 효과에 대한 부정적인 면을 부각시켜서 보도되는 수가 있다. 이럴 때는 결과론적으로 차라리 보도자료를 내지 않는 게 좋았는데 하는 생각이 들 때도 있다.

통상 공보관계관은 기관장이나 고위 직책의 상급자가 어떤 사안에 대해서 적극 홍보해서 성과를 알리라고 주문이나 지시를 할 경우에는 이를 거부할 수가 없으므로 나름대로 기획홍보를 하겠다고 보도자료도 만들고 특정 매체를 섭외하기도 하는 등의 노력을 한다. 그러나 그렇게 해서 잘되면 다행인데 그게 빌미가 되어 다른 언론으로부터 비판받거나 원성을 낳아 뒤집는 기사가 나오게 되면 황당하고 난처하기 그지없다. 특히 기관장이나 고위직급의 사람이 개인적인 명예욕이나 과시성, 전시성으로 업무를 추진하고자 하는 경우에 가끔씩 볼 수 있는데, 보도자료나 기획홍보가 예상치 못한 엉뚱한 방향으로 보도가 될 경우에는 일은 일대로 열심히 하고도 욕을 먹게 되는 경우도 있어 한숨을 쉬게 되기도 한다.

인터뷰와 브리핑, 순발력과 선크림

카메라에 익숙한 연예인을 제외하고는 누구나 '카메라 울렁증'이 있다. 더구나 소형 카메라가 아니고 어깨에 메고 촬영하는 방송용 카메라를 들이대면 경우에 따라서는 카메라에 압도되어 하고 싶은 말을 제대로 하지 못할 때도 있다. 그래서 누구에게나 연습이 필요하다. 공보관계관 역시 마찬가지이다. 평소 미디어 트레이닝 교육이 필요한 이유이다. 카메라가 어색하지 않고 인터뷰가 부담스럽지 않도록 하려면 연습과 교육을 통해서 자주 접하는 수밖에 없다.

요즘은 고가의 카메라 장비가 아니더라도 스마트폰으로 영상 촬영과 편집 기능이 가능해서 쉽게 연습을 할 수 있지만, 과거에는 적어도 가정용 캠코드 정도는 있어야 가능했다. 대담 프로그램이 아닌 한 대부분의 방송 뉴스용 인터뷰는 간단한데도 부담스러워한다. 실제 편집해서 뉴스에 사용되는 것은 길어야 20초 정도에 불과하고, 단순 멘트용이라면 10여 초 정도면 되는데도 말이다.

그런데 이 10여 초의 단순 멘트를 버벅거려 NG를 내는 수가 종종 있다. 문장을 외워서 말을 하려고 하다가 보니 그렇게 된다. 방송 인터뷰는 암기력으로 하는 스피치 콘테스트가 아닌데도 말이다. 어떤 사람은 종이에 큰 글씨로 써서 다른 사람이 앞에서 들고 있게 하고 그것을 보고 읽는 사람도 있다. 그런 인터뷰 보도는 시청자 입장에서 보면 부자연스럽다는 것을 쉽게 알 수가 있다. 따라서 정책부서 담당자들은 그런 모습이 나타나지 않도록 평소에 언론 노출 및 언론 대응 교육과 훈련이 필요하다.

방송용 인터뷰에서 주의해야 할 것은 전화 인터뷰이다. 전화 인터뷰는 카메라 앞에 직접 대고 하는 것이 아니기에 기자의 질문에 대해 비교적 자연스럽게 이런저런 대답을 하게 되는데, 실제 보도된 뉴스를 보면 내 답변의 본질과는 거리가 먼 엉뚱한 부분이 편집되어 보도되는 경우가 종종 있다.

또한 정식 인터뷰가 아니고 방송기자가 전화로 어떤 사안에 대해서 질문할 때는 거의 100% 녹음되고 있음을 인식해야 한다. 녹음된 내용 중에서 기자가 쓰고자 하는 기사 방향에 맞는 발언들만 편집해서 보도를 하는 경우도 있기 때문에 유의해야 한다. 이른바 '악마의 편집' 기술 때문에 인터뷰한 사람의 입장이 난처하게 되고 심지어 윗사람으로부터 질책을 받거나 조직 구성원들로부터 오해를 받게 되는 경우가 있다. 여러 답변 내용 중에서 배경 설명이나 앞 · 뒷부분 발언은 잘라내고 기자의 의도에 맞는 것만 편집해서 사용하면 답변의 본질과는 완전히 다른 방향으로 가게 된다. 예를 들어 '물론 그럴 경우가 있기는 한데, 대부분이 그렇지 않다'고 한 답변에서 뒷문장은 생략하고 앞문장만 잘라서 보도하게 되면 독자들은 그 사안에 대해 당국자가 시인한 것으로 알게 되는 것이다.

서로 잘 아는 기자일지라도 궁하면 그렇게 하는 경우가 있다. 편집 기술로 오도된 보도가 나가고 이에 대해 해당 기자에게 상도에 어긋난 것임을 항의하면 "잘못했으니 한 번만 이해해 달라"고 읍소를 한다. 어쩔 것인가 이미 보도되어 상황은 끝났고 기자와의 업무 관계는 계속 유지되어야 하고 … 이럴 때는 괘씸하지만 다음에 다른 사안으로 보상(?)받기를 기대하면서 공존할 수밖에 없는 것이 당국자의 슬픈 현실이다.

방송에 비해 신문 인터뷰는 카메라가 없기에 훨씬 여유있고 부담없이 할 수 있다. 그렇다고 방송이 아니라고 해서 주의를 안 기울여도 되는 것은 아니다. 요즘은 보이스레코드 기능을 하는 기기가 발달해 있어서 녹음되는 수가 많다.

신문 인터뷰나 대담 시에는 '이거 녹음하는 거냐?'라고 확인해 보는 것이 질문하는 기자나 답변하는 당국자나 서로 불편하지 않다. 말이라는 것이 말하는 사람과 듣는 사람이 관점을 달리 하면 서로에게 유리한 뉘앙스로 흐르게 되므로 애매한 부분은 분명히 짚고 넘어가야 잘못되지 않는다.

브리핑은 여러 가지의 경우가 있다. 공개 브리핑 중에서도 중대한 사안일 경우에는 브리핑과 동시에 생방송으로 보도되는 경우도 있고, 매일 일상적으로 하는 정례 브리핑도 있고, 갑작스런 사건사고로 인한 긴급 브리핑도 있을 수 있고 해서 카메라 앞에 나서야 하는 공보관계관은 복장이나 용모에 신경을 써야 한다. 값비싼 옷을 말하는 것이 아니라 단정한 복장을 갖추라는 것이다.

특이한 스타일이나 무늬의 옷은 주의해야 하고 면도는 기본이다. 얼굴 피부색이 거무스름한 사람은 임시방편으로 누구나 사용하는 백탁현상이 있는 선크림을 바르면 도움이 된다. 종종 사용되는 방법이다.

공개 브리핑은 나름대로의 순발력과 노하우도 필요하다. 예상치 못한 질문이 들어올 때는 난감하다. 그렇다고 답변을 안 하게 되면 일종의 '묵시적 인정'으로 오해를 낳게 되거나 아니면 '답변을 하지 못했다'고 보도하는 경우가 있기 때문이다. 이럴 때는 단 몇 초만이라도 생각할 틈이 필요하다. 순간적으로 답변을 구상하기 위한 시간을 벌어야 하므로 질문한 기자에게 '무슨 질문인지 잘 못 들었으니 다시 한번 질문해 달라'고 하는 것도 나쁘지 않다. 기자가 다시 질문을 하는 동안 머리속으로 답변할 내용과 멘트를 구상할 수 있다.

백그라운드 브리핑은 카메라가 없는 가운데 어떤 이슈나 사안에 대해서 기자들의 이해를 돕기 위해서 전후 과정이나 경과, 계획 등에 대한 배경을 설명하는 브리핑이다. 민감하거나 복잡한 사안일 경우에는 백그라운드 브리핑을 통해 설명해줌으로써 언론과의 소통 부재를 해소하고 국민의 알권리 충족을 위한 정보제공에 충실할 수 있게 된다. 그만큼 당국의 입장도 기자들에게 전달할 수 있으므로 종종 필요한 브리핑이다.

비공개 브리핑은 중요한 사안이거나 보안이 유지되어야 하는 사안이지만 언론의 궁금증이나 세간(인터넷 세상 등)의 유언비어 등에 대해 국민에게 알려야 할 필요가 있는데 공개적으로 밝히기 곤란한 경우에 종종 사용된다.

백그라운드 브리핑이나 비공개 브리핑을 통해 나오는 보

도 중에는 흔히 '관계자' '핵심 관계자' '고위 관계자' 라는 호칭을 사용해서 나오는 경우가 많다.

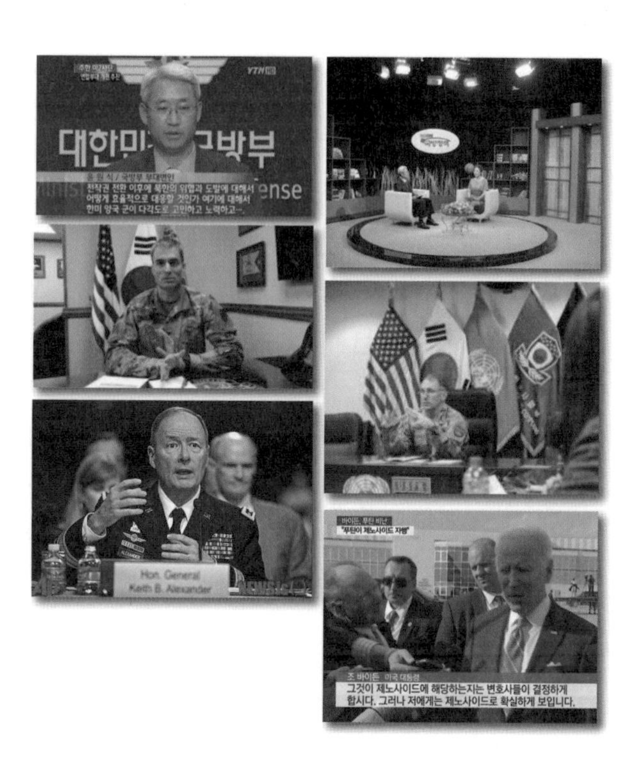

언론통제, 언론협조, 언론관리

언론통제와 언론협조

언론은 '통제' 대상이 아니다. 그런데도 불구하고 고위직이나 기관장 또는 군의 지휘관들이 어떤 사건사고가 발생했을 때 언론과 관련하여 첫 번째로 언급하는 것이 '언론통제를 잘하라'이다. 물론 그 속에 들어있는 본질은 '언론에 정제되지 않고 중구난방으로 알려져서 오해가 발생하지 않도록 대언론 업무를 잘 준비해서 하라'는 의미이다.

이러한 '언론통제'라는 용어가 예전에는 두루 사용되었고, 또 실제로도 언론을 통제 대상으로 생각한 적도 있었다. 대학원 공부하던 1990년 무렵에 '언론통제'라는 과목이 있었다.(이 과목은 얼마 후에 '언론법제'로 명칭이 바뀌었음) 이렇게 무심코 쓰는 용어이지만 그 말 속에는 은연중에 언론에 대한 거부감이나 불편함이 숨어있다고 해도 틀린 말은 아니다.

한마디로 언론은 꼭 '필요한 존재'이지만 '불편하고 부담스러운 대상'인 것이다. 여기서 꼭 필요한 존재는 보도의 주인공이 '내가 아닌 타인'이 될 경우이고, 불편하고 부담스러운 대상은 그 주인공이 '바로 내가' 해당되는 경우이다.

어쨌든 공보당국자 입장에서 볼 때 언론은 '통제'대상이 아니라 '협조'대상이라는 개념과 인식을 가지도록 조직 구성원들에게 지속적으로 교육하고 전파해야 한다. 그래야 잘못된 대응이나 지침이 나오지 않는다. 따라서 어떤 사안이 발생했을 때 어느 조직이든 의사결정권자가 '언론협조를 잘하라' 라는 지침이 내려질 수 있고, 그래야 더욱 합리적이고 보편타당한 해결책과 발전적인 대안이 나올 수 있게 된다.

비슷한 용어로 '언론관리'라는 말이 많이 쓰인다. 이 말에는 여러 가지가 숨어있다. 평상시 기자들과의 관계를 잘 유지하라는 차원의 기자관리, 온라인 · 오프라인 상에 떠도는 여론의 동향을 잘 파악하라는 여론관리, 언론에 불필요한 접촉이나 정보제공으로 인해 긁어서 부스럼이 생기지 않도록 하라는 이슈관리 등을 포함하고 있는 것이다.

따라서 '언론관리'는 것은 말로는 쉽지만 그렇게 단순한 것이 아니다. 상황과 논리에 따라서 그리고 사안의 경중완급(輕重緩急)에 따라서 각기 다르기 때문이다. 이것은 일회성의 단기적으로 되는 것이 아니므로 공보당국자와 기관장은 연속성과 지속성을 가지고 해야 한다. 비록 사람은 떠나도 조직은 그대로 남아있기 때문이다.

언론 대응, 정답과 요령(要領)

언론 대응

공보당국자들의 일상 업무는 매일매일 보도되는 내용에 대한 언론대응이다. 경험에 비춰 볼 때 언론대응에 정답은 없다. 다만 어느 정도의 원칙과 요령을 알고 있으면 해법을 찾을 수는 있다.

오늘날 인터넷과 미디어의 발달은 실시간으로 정보가 전파 및 확산되므로, 만일 어떤 민감한 이슈가 잘못 보도되고 있는데 이를 실시간으로 바로 대응이나 해명을 하지 않으면 예상 외로 커지게 된다. 또한 대응을 해도 타이밍을 놓치고 늑장대응하면 사실여부와는 상관없이 걷잡을 수 없는 파장이 생긴다.

사실(팩트)이 아니거나, 사실과 다소 다른 내용일지라도 이미 이슈화되고 나면 나중에 바로잡거나 해명을 한다 해도 사람들의 머리속에는 기존의 정보가 쉽게 지워지지 않는다. 경우에 따라서는 확증편향성을 지닌 사람들도 있어서 나중에 사실이 아니라고 정정을 해주어도 본인이 믿고 싶은 대로 믿어 버리는 경우가 있다. 그리고 이를 확대재생산하는 수가 있다.

언론대응이 시급성을 요한다고 해서 성급하게 부인하거나 조금이라도 축소 왜곡 또는 확대 과장된 해명이나 설명을 하게 되면 더 큰 곤란과 불신을 낳게 되므로 유의해야 한다. 따라서 공보당국자의 순발력과 함께 판단력이 중요해지는 이유이다.

중요한 사항에 대해 제때에 적시에 알려주지 않을 경우, 국민을 속이려 했다거나 축소 은폐하려 했거나 하는 오해를 받게 되는 수가 있다. 게다가 특정 언론에서 이미 단독으로 보도되고 난 이후에 마지못해 후속보도로 따라가야 할 경우의 언론에 대해서는 더욱 신경을 기울여 주어야 한다. 언론계 표현으로 물먹은 후에 쓰는 기사인데 당국으로부터 제대로 된 정보나 설명을 듣지 못하면 더욱 비판적인 방향으로 기사를 쓰게 되는 것이 일반적인 심리이다.

특히 경쟁 관계에 있는 언론인 경우에는 더욱 그렇다. 그래서 공보담당자의 하루는 편할 날이 없다. 조직에서 일어나는 방대한 사업과 정책, 이슈들을 다 알고 있는 것이 아니고 다 알 수도 없기 때문에 어떤 보도가 나오면 그것이 팩트가 맞는지 틀린지 해당부서 책임자에게 물어봐야 한다. 만일 오보나 왜곡보도일 경우에는 시와 때를 가리지 않고 적시에 확인하고 바로 잡아 주어야 오보가 확산되지 않는다.

기자가 전화로 문의할 때는 경우에 따라서는 이미 취재를 어느 정도 끝내고 보도하기 직전에 당사자나 관계자의 말을 멘트로 따 넣기 위한 단계에 있다는 것을 염두에 두어야 한다. 기본적으로는 균형적인 보도를 위해 양쪽 당사자의 입장을 모두 듣고 취급해야 하는 것이 원칙이긴 하나 그냥 구색맞추기용으로 물어 올 때도 많이 있기 때문이다.

통상 기자는 어떤 이슈에 대해 취재를 하면서 대략적인 보도방향을 정해놓고 당자자나 관계자의 여러 답변 중에서 의도하는 방향에 맞는 것만 편집해서 사용한다. 가칭 악마의 편집을 하는 수가 있기 때문에 답변에 신중을 기해야 한다. 알지 못하는 기자가 곤란한 질문을 해 올 경우에는 즉시 답변을 하지 않고 확인 후에 답변해 주겠다고 하고 기자 이름과 전화번호 등을 기록하는 등으로 시간을 버는 것도 하나의 요령이다.

성과확산 커뮤니케이션, 위기관리 커뮤니케이션

성과확산과 위기관리

대변인실, 공보실, 홍보실의 업무는 크게 볼 때 두 개의 축 또는 바퀴로 굴러간다. 조직의 활동에 대한 대언론 '성과확산'과 '위기관리'이다. 이 두 개의 축으로 언론과의 커뮤니케이션(주로 매스 커뮤니케이션)을 어떻게 하느냐에 존재의 성패가 달려 있다.

성과확산 커뮤니케이션은 부대나 조직에서 성공적인 활동이나 의미있는 성과를 달성할 경우 이것을 대내외에 널리 알려 조직에 대한 신뢰와 이미지, 평판을 좋게 하기 위한 그야말로 홍보활동이다. 이런 홍보활동의 일환으로 보도자료 제공, 현장취재 안내, 특정 매체 섭외를 통한 기획홍보 등을 한다.

보도자료나 취재안내 같은 것은 늘 밥 먹듯이 하는 일상 업무인 데 비해 기획홍보는 업무의 성격이 조금 다르다. 일상적인 것이 아니고 특별한 아이템이나 이슈에 대해 기획을 해서 홍보한다는 것인데 말은 고상하지만 실상은 그렇지가 않은 경우가 많다. 물론 스스로의 판단과 계획 하에 시행하는 것이 기본이지만 때로는 기관장이나 윗사람의 지침에 의해서 이루어지는 경우가 있기 때문이다. 한마디로 기관장들의 조직운영이나 부대지휘의 성과 및 업적에 대해서 대중에게 자랑하고 과시하고 싶을 때 내리는 일종의 지시인 셈이다. 이럴 때 공보당국자는 곤혹스럽다.

지침을 주지 않아도 주요 성과나 홍보 소재가 있으면 알아서 홍보하는 것이 공보실의 기본적인 업무 추진 방식이지만 지시를 받게 되면 순리와는 상관없이 만사를 제쳐두고 우선적으로 '지시받은 기획홍보'를 무리하게 추진해야 한다. 그것이 조직의 생리이다. 이러한 기획홍보가 남용되거나 남발되면 공보당국자는 성과만큼이나 피곤해질 수밖에 없다.

위기관리 커뮤니케이션은 조직의 시스템과 성숙도를 가늠하는 척도가 된다. 개인이나 기업, 정부조직이나 단체를 막론하고 어떤 형태로든 크고 작은 위기가 있을 수 있다. 위기는 내부적인 요인에 의해서 생기는 것도 있고 외부적인 요인에 의해서 생기는 것도 있다. 그것이 조직 운영이나 정책의 잘못으로 인한 내부적인 문제이든 사건사고나 대외 환경에 의한 불가항력(不可抗力)의 외부적인 문제이든 조직의 명예와 신뢰도, 경영에 미치는 물질적, 정신적 영향은 일일이 수치로 계산하기 어려울 정도다.

따라서 어떤 유형의 위기이든 위기라고 판단되는 상황이

발생하면 조직의 명운(命運)을 걸고 대책을 세워야 한다. 어느 저명한 위기 커뮤니케이션 학자는 위기 상황이 발생했음에도 그것이 위기인지 아닌지를 인식하지 못하고 있는 것이야말로 그 조직의 진짜 위기라고 한 바도 있다.

위기가 발생했을 때 공보실은 대외적으로는 언론에 공개의 적시성과 정보의 적절성을 고려하여 최대한 알려주고 소통 채널을 강구하는 것이 매우 중요하다. 언론을 대상으로 한 위기관리 커뮤니케이션은 체계적으로 이루어져야지 그렇지 않고 조직의 민낯이 드러나는 모습을 보이면 이미 발생된 위기 이외로 조직에 대한 신뢰도나 평판을 의심받게 되는 또 다른 위기로 이어지게 된다.

그리고 조직 내부에도 발생된 위기의 팩트에 대해서 알리고 설명하여 내부 동요와 혼란을 최소화해야 한다. 그렇다고 내부 단속을 하라는 것이 아니다. 내부 구성원들에게 소통과 이해, 협조를 통해서 위기를 잘 극복하기 위한 것이다. 이때 언론에 제공되는 정보와 내부 구성원들에게 제공되는 정보는 맥이 같아야 한다. 물론 내부 구성원들에 대한 소통과 커뮤니케이션은 공보실이 아닌 다른 부서가 맡아서 하는 것이 일반적이긴 하나, 언론에 진솔하게 대하듯이 구성원들에게도 진솔한 자세로 임해야 한다는 것이 포인트이다.

공보실은 언론과의 소통 및 커뮤니케이션을 위해 가용한 모든 네트워크를 가동해야 한다. 특히 필요시에는 공보 책임자와 조직의 최고 의사결정권자는 다이렉트로 소통이 가능하도록 되어야 한다. 이와 같이 위기 시 대내외 전반의 위기관리 커뮤니케이션이 얼마나 효과적이고 체계적으로 수행되는가에 따라 당면한 위기를 극복할 수 있음은 물론, 조직의 명예와 신뢰가 좌우된다.

part 6.

동반자로 본 군과 언론을 위한 소고(小考)

군과 언론 협의기구 신설, 교류협력의 제도화

1997년 '강릉 무장간첩 침투사건'이나 2010년 '천안함 피격사건' 및 '연평도 포격전' 등에서 보는 바와 같이 군사적 중대사태 발생 시 군과 언론이 각각의 임무와 역할에 충실하면서도 서로 간의 마찰과 갈등을 최소화하려면 미국이나 영국, 이스라엘 같은 협의기구가 필요하다. 이러한 협의기구는 통합방위법이나 군사기밀보호법 같은 강제력의 적용 이전에 가장 실질적이고 효과적인 수단이 될 수 있다.

언론보도를 통한 군 기밀의 누설이나 위반의 경우에 실제로 관련법을 적용하여 조치하기까지는 현실적으로 여러 가지 절차가 번거롭고, 사건이 종결되기까지는 수개월 이상이 걸린다. 또 경우에 따라서는 법적인 절차가 진행되는 동안 군 당국과 해당 언론사 간의 감정적인 대립과 앙금이 다른 사안에 대한 보도 이슈로 전이되는 등 또 다른 갈등으로 이어지기도 한다. 또한 군사기밀에 대한 언론보도에서 해당 언론이나 기자가 "군사기밀인지 모르고 보도했다"고 항변함으로써 법적 조치에 곤란한 경우도 있다.

이와 같이 실정법을 적용하여 언론보도에 대한 통제대책을 강구하기에는 여러 가지 고려해야 할 요소들이 많다. 설령 법을 위반하는 경우가 생기더라도 현장에서 제재하기도 쉽지 않고, 상황과 관점에 따라 법 조항 적용이 애매한 경우도 있다. 따라서 법은 위반자에 대한 최후의 강제 수단일 뿐이지, 위기 사태 발생 시 현장과 정책부서 등에서 당면한 위기관리에 집중하고 있는 군 당국이나, 속보경쟁에 쫓기는 기자들에 대한 통제 수단으로 작용하기까지는 한계가 있다.

이러한 예는 실제 '연평도 포격전'에서 잘 나타난다. 군사작전 수행에 급한 상황에서 연평도 곳곳에서 취재하고 있는 기자들을 대상으로 법률 위반 정황을 일일이 확인하고 고발 조치하는 것은 본말이 전도된 듯한 것이다. 따라서 군과 언론이 각각의 역할과 사명에 충실하면서도 서로 협력하고 국민의 신뢰를 받을 수 있기 위해서는 안보상황과 언론 환경에 맞는 합의된 기준이 필요하고 이에 대해 수시로 협의할 수 있는 제도가 마련되어야 한다.

영국이나 미국의 예에서 볼 수 있듯이 국방부, 기자협회, 신문방송편집인협회, 언론학회, 언론진흥재단 등 정부와 군, 언론, 언론학계의 대표성을 지닌 관계자들로 협의 기구를 구성하는 것이 하나의 방안이다.

군과 언론의 상호 교육 프로그램 발전

군과 언론이 서로의 입장과 관점에 대한 이해도를 높이기 위해서는 상호 간의 교차 교육지원 등의 프로그램이 필요하다. 예를 들면 한국기자협회나 한국방송기자협회, 한국언론진흥재단 등에서 기자들을 대상으로 교육이나 워크숍 등을 할 때 군 관계자를 초청하여 군 작전의 특징이나 취재 기본 규칙에 대한 소개 교육을 할 필요가 있다.

군사기밀보호법, 통합방위작전시 언론의 취재에 대한 법적 규제, 과거 유사사태시의 경험사례 소개, 군과 언론이 합의하여 제정한 '국가안보 위기 시 군 취재보도 기준'에 대한 소개 교육 등으로 이해도를 높일 수 있다. 이러한 교육 프로그램의 필요성은 언론진흥재단이 조사한 언론인 의식조사에서도 기자들이 "사내외 연수나 재교육이 필요하다"고 응답한 기자의 비율이 매우 높다는 점에서도 그 실효성이 크다.

또한 언론 입장에서는 우크라이나 전쟁과 같은 국제 분쟁지역이나 중요 군사작전 등 위험 지역 취재 시에 대비한 개인의 안전대책 강구나 취재 원칙 및 방법에 대한 교육을 받을 필요가 있다. 예를 들어 화학가스 사고나 방사능 누출사고, 화생방 테러 상황 시 방독면 착용방법, 구급법, 응급조치법 등에 대한 안전교육을 이수하도록 하고, 필요시 군의 안전 장비를 지원하여 취재 기자의 안전을 도모해주는 방안도 생각해 볼 수 있다.

이러한 교육 프로그램의 도입과 교류는 군과 언론이 서로 몰라서 오해하거나 오보 또는 왜곡보도를 하지 않도록 하는 가장 기본적인 신뢰 형성의 출발점이다. 궁극적으로 국가안보 위기 시 군과 언론은 서로 갈등과 불신의 대상 또는 통제나 차단의 대상이 아니라, 서로 협조하고 상생해야 하는 전략적 동반자임을 인식하는 계기가 될 수 있다.

군의 공보역량 및 취재지원 체계 확충

군은 무엇보다도 스스로의 공보역량을 키우기 위한 제도와 체계를 정립하고 각종 교육 프로그램을 발전시켜 나가야 한다. 국방홍보훈령(제10장 홍보역량 강화 및 지원) 제43조에도 '홍보의 전문성을 향상시키기 위하여 소속 직원들을 대상으로 하는 홍보교육을 주기적으로 실시' 할 것과 '간부 양성 및 보수교육, 지휘관 대상 교육 시 홍보 교육 과정의 편성', '홍보담당관의 능력 향상을 위해 홍보 관련 학위교육, 전문가 초청 강연, 국내외 연수, 학술대회, 세미나 등을 할 것'을 명시하고 있다.

군 공보체계는 국방부, 합참, 육 · 해 · 공군 본부, 예하 각급 부대에 이르기까지 이어지는 모든 조직이 외형적으로는 제도가 잘 되어 있다. 따라서 잘 조직되어 있는 하드웨어적인 체계를 바탕으로 일종의 소프트웨어라고 할 수 있는 운영상의 기술적인 방법을 잘 결합시킬 때 비로소 완전한 체계 발전이 가능하다.

특히 무엇보다도 시급한 것은 미국과 같이 군의 공보교육을 위한 종합적이고 전문적인 교육 및 양성 기관이 필요하다. 미국은 국방성 예하에 공보학교를 설립하여 군 간부들에게 언론 브리핑 및 인터뷰 요령, 촬영 및 편집 기술 등 제반 언론 관련 사항에 대해 교육하고 있다.

또 영국의 합동참모대학이 BBC와 협조하여 BBC 기자의 참여하에 영관급 장교들에게 실전적인 공보 시뮬레이션 교육을 해 큰 효과를 얻도록 하는 제도의 도입도 참고할 필요가 있다.

아울러 대규모 훈련이나 연습 또는 평가측정 시에 작전 진행과 연계된 브리핑, 현장 취재지원을 위한 기자 안내 및 통제 대책 등 실질적인 공보연습이 병행되어야 한다. 이러한 공보연습은 가용 여건에 따라 합참과 작전사령부급에서는 UFG나 태극연습 등 훈련이나 연습 시 주요 직위자를 선정하여 전시 공보활동의 일환으로 모의 전황브리핑 등의 훈련을 한다.

그러나 이러한 공보훈련 및 연습은 제도화되어 있는 것이 아니고 해당 분야에 대한 관심과 전문성 있는 인원이 책임을 맡고 있을 경우에 일부 부대에서만 시행하는 정도에 불과하다. 따라서 육군의 군단급 이상 부대와 해 · 공군의 작전사령부급 이상 부대, 국방부 · 합참의 주요 직위자들은 공보훈련의 상시 제도화가 필요하다.

언론의 취재보도 기준 제정 및 준수

2012년에 군과 언론이 합의하여 제정한 '국가안보 위기 시 군 취재 · 보도 기준'은 제정된 이후 아직 한 번도 적용되지 않았다. 따라서 실제 위기사태 발생 시에는 군과 언론이 이 기준을 제대로 준수할지 장담할 수 없다. 아무리 잘된 보도 준칙이나 지침이 마련되어 있더라도 지켜지지 않는다면 아무 소용이 없다.

또한 언론은 취재와 보도에 있어서 외부의 간섭과 규제 이전에 언론사 자체적으로 보도기준(Guide line)이나 방침(제작, 편집, 취재, 보도 전반에 대한)을 제정하여 적용할 수 있도록 되어 있어야 보도의 일관성과 객관성을 높일 수 있고, 보도방향에 대한 혼선을 최소화할 수 있다. 또한 언론사 간의 지나친 경쟁으로 인한 폐단도 줄일 수 있다. 2011년 3월 '동일본 대지진에 의한 쓰나미 사태'시 일본 언론의 보도와 한국 언론의 보도 태도에 대한 연구에서 일본 NHK는 객관적 사실(팩트)을 침착하고 차분하게 전달하였는데, 이는 NHK가 스스로의 '재난보도 매뉴얼'에 충실했기 때문으로 분석된 것에 주목할 필요가 있다.

영국의 BBC는 국가안보와 관련해서는 자체 보도기준을 제정하여 소속사 기자는 물론 누구나 보도기준을 볼 수 있도록 공개하고 있다. 한국 언론은 국가안보 위기 사태 시 어떤 방침과 기준으로 취재 · 보도할 것인지에 대한 기준(가이드라인 또는 매뉴얼)을 가지고 있지 않다. 다만 재난방송 주관방송사인 KBS는 '방송제작 가이드라인' 제3장 부문별 제작지침의 제28항 비상방송 부분에서 "국가가 천재지변이나 사변, 동란 등으로 비상사태에 처할 때에는 신속, 정확한 방송으로 피해를 최소화하는 것이 가장 중요하다. 다만 신속성을 우선시하다가 오보나 추측보도를 해서는 안 된다. 비상사태를 해결하려는 작전 등에 있어서 여러 가지 상충된 견해가 제시될 때는 국가이익과 건전한 상식 및 여론, 국민 일반의 정서를 종합적으로 파악하여 입장을 결정"하도록 명시하고 있다.

또한 비상방송을 해야 하는 시기를 '국가 중대 사태'라고 명시하고, '태풍, 홍수, 호우, 해일, 폭설, 가뭄 또는 지진(지진해일 포함), 기타 이에 준하는 자연현상으로 인한 재해와, 화재, 붕괴, 폭발, 교통사고, 화생방 사고, 환경오염사고, 기타 이에 준하는 재난'과 '국가안위와 관련된 전쟁, 사변, 소요 등 비상사태'로 구분하고 있다. 또한 공습 등 국가 안위와 관련한 민방공 경보 발령 시 단계별로 즉각 비상사태 방송을 실시한다.'고 되어 있는 정도가 유일하다.

따라서 각 개별 언론사는 자사에 맞는 취재 및 보도 매뉴얼을 마련하고 자체교육 등을 할 필요가 있다.

에필로그

나는 언론홍보를 특기로 하는 군인이 본분이었지만 때로는 군의 입장이 아닌 언론의 입장에서(정확히는 군과 언론 사이에서) 군을 바라봐야 할 때도 있었다. 각종 사건 · 사고 시에는 유가족과 민간의 입장에서, 남북 간의 중대한 군사적 충돌 사태나 상황이 발생할 때는 국가안보의 최후보루인 군을 바라보는 국민의 관점에서 보고 듣고 판단하며 임무를 수행하였다.

어떠한 상황과 경우이든 군의 대내외 언론업무에 대한 책임자로서 상식과 합리를 추구하며 사람과 조직, 직무에 대한 진정성과 사명감으로 매사에 최선을 다했다. 경우에 따라서는 곤혹스러웠지만 언론에 대한 이해가 낮은 고위직책의 윗사람들에게 충언과 직언을 주저하지 않았고, 특히 대언론 위기관리를 위한 전략 커뮤니케이션에는 한 치도 망설이지 않았다.

천안함 피격사건과 연평도 포격전, 아덴만 여명작전, 제주

해군기지 건설 등 2010년부터 2012년까지 큰 이슈들이 이어지는 동안 국방부 공보책임자로서 느끼는 무게와 책임감은 하루하루의 일상을 짓누를 만큼 컸다. 일종의 번 아웃(burn out) 상태에 이를 정도로 지치고 힘든 기간도 있었다. 그러나 내색할 틈도 없이 크고 작은 현안은 계속 나타났다. 그 한가운데서 물불 가릴 틈 없이 일한 것 자체가 존재의 의미이자 보람이었다고 스스로에게 위안을 주고자 한다.

나는 군과 언론관계가 왜곡되지 않아야 국민으로부터 신뢰받는 군이 될 수 있다는 신념하에 군과 언론의 불편한 진실에 대해서도 잔머리 굴리지 않고 정면으로 돌파하고자 노력하였다. 군이든 언론이든 잘못된 것은 바로잡고자 애를 썼다. 그러다 보니 상처뿐인 영광만 남는 경우도 있었다. 쌓인 상처만큼 군과 언론에 대한 애정과 관심이 반비례한 적도 없지 않았다.

모든 것은 시간이 해결해 준다고 한다. 그러나 모든 일에는 적기(適期) 즉 타이밍이 중요하다. 타이밍을 놓치고 나면 팩트를 알게 되고 진실을 알게 된들 별 소용이 없는 경우가 많다. 언론과 관련된 일은 더욱더 그러하다. 어쩌면 이 책도 타이밍을 놓쳤을지 모른다. 그럼에도 불구하고 지금 기록으로 남겨놓지 않으면 흔적조차 찾기 어려울 수 있으니 책으로 엮어보라는 주변의 권유와 격려에 용기를 내었다.

현직을 떠난 지가 꽤 오래 되었지만 군과 관련된 언론보도는 지금도 남의 일 같지가 않다. 언론에 보도가 나오기까지 수면 아래에서 긴박하게 손발을 움직이고 머리를 짜내야 했던 기억이 생생하기 때문이다. 그 기억의 한편에는 좀 더 잘할 수는 없었을까, 좀 더 재미있게 할 수는 없었을까 하는 아쉬움도 있다. 반면에 그 시절로 돌아가 다시 한다고 해도 그때의 열정과 사명감은 나오기 어렵다는 생각도 든다. 그만큼 시간도 많이 흘렀고, 흘러간 시간 동안 미디어의 양상과 방법도 다양해졌기 때문일 것이다.

지나고 보니 어느 직책이나 자리이든 그때 그 자리에 있을 때 맡은 바 임무에서 개인의 이해관계와 유 · 불리를 따지지 않고 최선을 다하는 것이야말로 진정으로 아름다운 모습이자 흔적임을 새삼 느낀다. 보잘것없는 졸고(拙稿)를 읽어주신 모든 분들께 감사의 절을 올린다.

2022년 6월

군과 언론 사이에서 (서명) 拜上

국가안보 위기 시 군 취재·보도 기준

(서문)

이 기준은 북한의 군사 도발과 외부 세력 침입으로 군사작전이 전개되는 등 국가안보상의 중대한 위기가 발생했을 때 언론과 군이 갈등 소지를 방지하고 양측의 원활한 협조 필요성에 대한 공감대에 바탕을 둔 것이다. 국민의 알권리를 위한 언론의 보도행위와 군의 국가보위 및 국민 보호 임무가 조화로운 균형을 이루어야 한다.

군은 국민 알권리 충족을 위해 신속하고 충분한 정보를 제공하고 언론은 국가안보와 작전에 임하는 장병들의 안전을 고려하여 신중하게 보도해야 한다. 각 언론사는 군 작전지역 등 위험지역 취재시 군 당국과 사전에 협의하고 군은 취재진의 안전한 취재활동 보장을 위해 최선을 다해야 한다.

(본문)

제1장 총칙

제1조 (목적)

이 기준은 북한의 군사 도발과 외부 세력 침입 등에 의해 군 비상상황이 발생하였을 경우 군의 작전을 보장하면서 정확하고 신속한 취재 보도에 대한 기본적인 방향과 실천요강을 제공하는 데 있다.

제2조 (적용 범위)

이 기준은 군은 물론 한국기자협회 소속 회원사와 회원, 작전 지역 취재에 참여하는 모든 매체에 적용된다. 다만 한국에서 활동하는 외신에 대해서는 한국기자협회가 외신기자협회에 이 기준을 준수하도록 협조를 구한다.

제3조 (용어의 정의)

이 기준에서 '국가안보 위기'란 북한 및 외부세력이 대한민국의 주권과 국민의 생존권에 중대한 위협을 가하는 도발행위를 감행하여 군이 작전을 수행하는 경우를 말한다.

제 2 장 군의 취재 보도지원 및 정보공개

제4조 (취재지원 원칙)

군은 비상 상황과 관련한 정보가 '사실에 입각하여, 신속하고, 정확하게' 국민들에게 전달되도록 언론의 취재 및 보도활동을 적극적으로 지원한다.

제5조 (신변 안전대책)

작전지역 부대는 취재 보도진에 대한 신변 안전 대책을 강구한다.

제6조 (작전지역 출입)

군 작전 지역에 출입하는 취재진은 군 당국이 정하는 소정의 절차에 따라 서면으로 출입등록을 하고 안전조치에 협조해야 한다.

제7조 (정보제공 방법)

군은 국민들에게 브리핑, 보도자료 등 올바른 정보를 알리기 위한 방법을 강구하고 가용 여건을 고려 작전 현장 부근에 보도본부를 설치해 취재 및 보도를 지원한다.

제 3 장 언론의 취재 보도 준수 사항

제8조 (군사기밀 보호)

언론은 작전 상황과 관련된 장비 배치와 수량, 군 부대의 특정한 위치를 드러내는 정보나 사진, 적 정보수집 방법 등에 대한 사항을 보도하는 것이 적을 이롭게 할 수 있다는 점을 유념해야 한다.

제9조 (통제구역 준수)

취재진이 작전 현장에 대한 취재를 할 경우 작전부대에서 제시하는 접근 통제선을 준수해야 한다.

제10조 (안전조치 협조)

군과 언론사는 현장 취재진의 안전 대책 강구에 최대한 협조해야 한다.

제11조 (작전 현장 갈등 조정)

군 작전 현장에서 군 관계관 및 취재 보도진 사이에 갈등이나 마찰이 발생할 경우에는 군과 언론이 국방부 대변인실과 언론매체 담당 데스크와의 협의를 통해 합리적 조정방안을 강구한다.

제 4 장 전·사상자 보도 및 행정사항

제12조 (인권존중 보도)

군 작전 수행 중 전 · 사상자, 입원환자, 가족 및 장례 등에 관한 취재는 개인의 사생활과 인권을 존중하고 숭고한 희생이 폄훼되지 않도록 한다.

제13조 (보호장비 대여 및 비용부담)

군은 취재진의 신변 안전을 위한 보호장비를 대여하거나 대피장소 및 숙식, 이동수단을 제공할 수 있다. 현장 접근이 어려운 도서지역에서 비상사태가 발생했을 때는 군에서 기본적 이동수단 등을 제공할 수 있으나 숙식에 따른 경비와 추가적인 장비 운용에 따른 비용은 해당 언론사에서 부담한다.

(실천수칙)

1. 군은 비상상황 발생 시 '사실에 입각하여 신속하고 정확한'정보 제공 및 브리핑을 한다.

2. 군은 현장 취재가 승인된 취재 보도진의 신변 안전을 위해 최대한 안전 조치를 마련한다.

3. 군은 비상상황 조치의 일환으로 필요시 현장 보도 본부를 설치하여 브리핑 및 취재 활동을 지원한다.

4. 언론은 진행 중인 작전사항, 작전계획, 기밀 사항은 사전에 동의한 절차와 현장 작전 부대가 요청하는 취재 기본규칙(ground rules)을 준수한다.

5. 언론은 현장 취재나 브리핑이 있을 때 군 당국이 정한 기본적인 절차를 준수한다.

6. 언론은 작전현장 여건에 따라 공동취재단 구성을 원칙으로 하며, 공동취재단은 국방부 출입등록 매체를 중심으로 한다.

7. 언론은 작전 중 전사 또는 순직하거나 부상을 당한 장병의 인권을 존중하고, 그들의 희생이 폄훼되지 않도록 한다.

2012년 9월 24일

대한민국 국방부장관　　한국기자협회장

국민의 알권리를 추구하는 언론, 국민의 생존권 보호를 중시하는 군, 두 개의 가치를 한 눈으로 들여다본 책, 『軍과 언론 이야기』를 출간하며

권선복
(도서출판 행복에너지 대표이사)

빠르고 정확한 보도가 생명인 것이 언론이고, 철저한 보안과 비밀 유지가 생명인 것이 군(軍)입니다. 때문에 이 두 집단은 정보 공개와 관련하여 대립적인 위치에 처할 때가 많습니다.

국민의 알권리를 보장함과 동시에 국민의 생존권을 보호하는 것은 국가안보에서 매우 중요한 일입니다. 따라서 국가안보 관련 정보의 공개와 보안 중에서 어느 것이 더 중요한지는 상황에 따라 다르기에 주의 깊게 고민하고 판단해야 할 것입니다.

이 책의 저자 윤원식 박사는 언론홍보를 특기로 하는

군인으로 30여 년을 재직하면서 늘 이러한 고민에 부딪혔고, 이에 대한 생각으로 골머리를 앓았을 것으로 생각됩니다. 그러한 경험을 토대로 집필한 책이 바로 본서 『軍과 언론 이야기』입니다. 본서에는 이러한 군과 언론 사이의 상관관계, 갈등의 양상과 그 갈등의 해소를 위한 접근 방법, 언론에 대한 상식과 이해 등을 깊이 있게 다루고 있습니다.

뿐만 아니라 저자가 직접 경험한 북한상선 영해침범, 제2연평해전, 천안함 피격사건, 연평도 포격전, 아덴만 여명작전 등 당시 사태의 이면에 있었던 알려지지 않은 에피소드를 곁들임으로써 군과 언론에 관한 이론과 실전이 망라된 다양한 내용들이 눈길을 끌어 본서를 편집하는 내내 즐겁고 행복했습니다.

세상이 복잡해짐에 따라 '정보'는 무엇보다 중요한 가치로 부상되었습니다. 특히 국방과 관련된 사항은 군사분야를 넘어 국민의 일상생활은 물론, 경제전반에까지 직접적인 파급효과를 지니고 있을 만큼 민감하고 중요합니다. 따라서 자유민주주의와 자본주의 체제하에서 살아가는 우리 국민들에게 이와 관련된 각종 정보를 제시간에 제대로 알고 대처하는 것은 당연한 권리일 것입니다. 더구나 70여 년이 넘게 북한과 군사적으로 대치하고 있는 우리나라의 경우에는 두말할 나위가 없겠지요. 하지만 그와 동시에 국민의 생명보호와 안전을 위해서는 민감한 군사 정보가 무분별하게 공개되지 않아야 한다는 것도 기본 상식에 속한다고 봅니다.

본서를 통하여 그러한 상관관계를 조금이라도 잘 이해하는 계기가 되었으면 합니다. 또한 이러한 군과 언론의 속성을 잘 파악하여 서로 간에 합의하고 납득할 수 있는 기준이나 규칙이 잘 정비되어 우리 사회가 더욱 건강하고 수준이 높은 민주시민 사회로 발전해 나가는 데 도움이 되었으면 합니다.

4차 산업혁명 시대를 맞아 사회가 점점 복잡해지고 융복합되어 새로운 문제들이 발생되고 있습니다. 그러나 그와 함께 당면한 사회 문제를 개선시킬 수 있는 방법이나 해결책이 생겨나는 것 또한 분명합니다. 본서 또한 그러한 측면에서 군과 언론이라는 양자 간의 관계를 넘어 우리 사회 전반에 걸친 갈등과 대립을 해소하고 발전시켜 나가는 데 조그만 디딤돌이자 도구의 하나로서 독자들에게 다가가길 소망합니다. 이 책을 읽는 모든 독자들에게 늘 행복에너지가 솟아나길 응원하겠습니다. 감사합니다.

도서출판 행복에너지 대표 권선복

'행복에너지' 의 해피 대한민국 프로젝트!

〈모교 책 보내기 운동〉

대한민국의 뿌리, 대한민국의 미래 청소년·청년들에게 책을 보내주세요.

많은 학교의 도서관이 가난해지고 있습니다. 그만큼 많은 학생들의 마음 또한 가난해지고 있습니다. 학교 도서관에는 색이 바래고 찢어진 책들이 나뒹굽니다. 더럽고 먼지만 앉은 책을 과연 누가 읽고 싶어 할까요?

게임과 스마트폰에 중독된 초·중고생들. 입시의 문턱 앞에서 문제집에만 매달리는 고등학생들. 험난한 취업 준비에 책 읽을 시간조차 없는 대학생들. 아무런 꿈도 없이 정해진 길을 따라서만 가는 젊은이들이 과연 대한민국을 이끌 수 있을까요?

한 권의 책은 한 사람의 인생을 바꾸는 힘을 가지고 있습니다. 한 사람의 인생이 바뀌면 한 나라의 국운이 바뀝니다. 저희 행복에너지에서는 베스트셀러와 각종 기관에서 우수도서로 선정된 도서를 중심으로 〈모교 책 보내기 운동〉을 펼치고 있습니다. 대한민국의 미래, 젊은이들에게 좋은 책을 보내주십시오. 독자 여러분의 자랑스러운 모교에 보내진 한 권의 책은 더 크게 성장할 대한민국의 발판이 될 것입니다.

도서출판 행복에너지를 성원해주시는 독자 여러분의 많은 관심과 참여 부탁드리겠습니다.